BOSS《ボス》大森の
代々木の窓から

はじめに

あなたは性善説派ですか？　本誌は、東京・代々木にある全国理容連合会の窓から全国へ、そして故郷へと、託された理事長の椅子での仕事、またその時の思いや疑問を直行便で届けたメッセージが基となっています。

全国津々浦々のあらゆる地域にある理容サロン、その床屋談義で身に付けた口八丁、手八丁でＢＯＳＳ大森は、昭和63年（１９８８）40歳で四国・愛媛県の理容の代表に就任して以来、全国の理事を務めて33年。また、平成18年（２００６）には、57歳で全国理容生活衛生同業組合連合会（以下・全国理容連合会）の理事長に就任しました。特に理美容師法に基づいた衛生的かつ高度な技術を誇る日本の技（ＷＡＺＡ）は、世界でナンバーワンであると国際的な舞台で叫び、自らが鋏を握って金メダルを射止めたほか、多くのメダリストをも輩出させました。

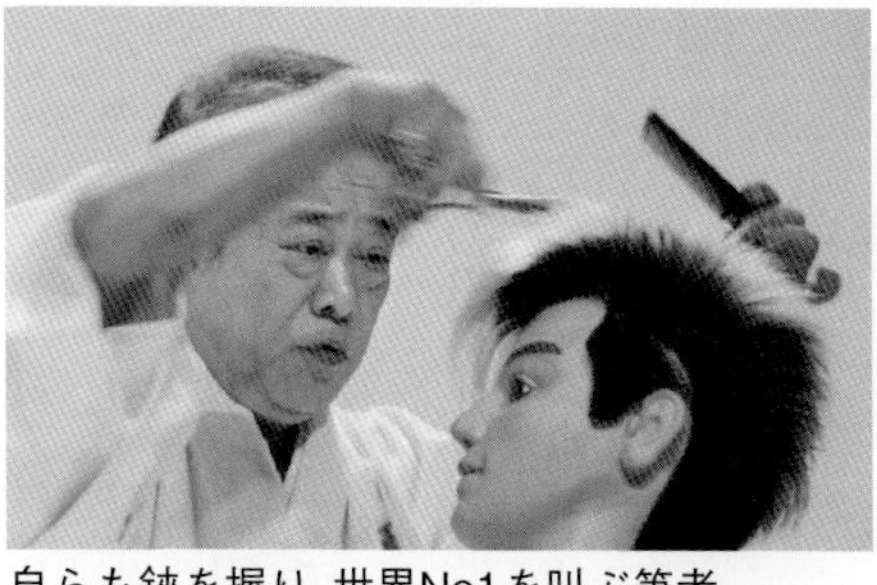
自らも鋏を握り、世界No1を叫ぶ筆者

また、大震災など自然災害に対する被災者復興に向けてのボランティア活動をはじめ、地球温暖化対策（クールビズ）や環境保全対応（脱プラスチック）等々、特に生活衛生法に関する全国生活衛生同業組合連合会中央会（理容、美容、旅館、飲食など18業種。以下・全国生活衛生中央会）の代表に就任して以降、その活動も広がり、生き方として参考にしていただけるものと信じています。

ＢＯＳＳ大森の叩き上げの知識とスキルで、何事に対しても性善説の志を持ち、準備と予習を怠らず全力を尽くすという命の使い方の発信です。現在73歳。皆さまの人間力の一つになることを願っています。

東京・代々木のいわれ

「代々木」は戦国時代の書状に代々木村の名ですでにあり、代々木の名はこの村で代々サイカチの木を栽培していたことにちなんでいるとの説が有力である。

このサイカチ（皀莢）のさや・実のサポニンが洗剤や石鹸、シャンプー剤にも利用されたといわれ、現在の理美容と無関係でもないようである。

「代々木は理美容のメッカである」とＢＯＳＳ大森は声を大にしている。（本誌24ページ）

代々木の窓から　目次

1. 情におぼれぬ強さと優しさ〔2006年〕

全国理容連合会の理事長の席に着いて今日で20日。この席の役員の就任には、地区、市、県、そして国の選挙が、3年毎に必要で、「大森だったらこの業界を何とか変えてくれる」という会員の希望が念力となって出てくる結果だと、私はその責任の重さを感じている。

まずは事務局のイメージを変えることから始めた。職員に「この職場がだ～い好き」と題したアンケートを募り、課の削減と事務所全体のレイアウトも変え、来客や電話対応も「元気に」と檄を飛ばした。また、各種会議の効率化や効果のうすい会議に代えて、事業計画の裏付け財源等を検討する会議の開催など、マンネリ化傾向の打破に務め、各課の横断的取り組みができるような体制づくりを行った。

ニューリーダーは情におぼれぬ強さと優しさを持って、そして何より新理事長としての思いが形として表せるよう「見える化」をめざした。

理《おさ》むるとは情と決断花は葉に（その当時のBOSS大森の句）

2. 2006モスクワ大会〔2006年〕

全国理容連合会理事長に就任して100日が過ぎた。役員や職員の人事に始まり、理事会を2回、各事業の全国会議を10回、会員外ではあるが徳島県の理容店での結核感染問題、また世界理美容技術選手権大会（以下・世界理美容大会）への参加などの日程をこなしてきた。

隔年で行っているこの世界理美容大会、この年の「2006モスクワ大会」では三つの喜びがあった。個人戦「クリエイティブヘアスタイル（高度な創作）競技」では14年ぶりに金メダルに輝いたこと。また出場した12名（シニア部門6名、ジュニア部門6名）全員が入賞して表

モスクワ大会表彰式後の記念撮影
=2006年7月3日、モスクワ・クレムリン宮殿

彰台に上れたこと。そして総合部門で、開催国ロシアに次ぎ、銀メダルであったことである。このことからも日本のテクニックは実力的には世界の中で上位にあることは間違いなく、世界の頂点への道筋は立ちそうである。

またロシアの感想であるが、街中の緑は多く、人々の適度な緊張感の中、若いカップルの結婚式にも幾度も出合うなど活気もあり、将来性のある国だと感じた。さらに、ロシアの見どころは、モスクワでの「クレムリンの宝物殿やダイヤモンド庫」「赤の広場や聖ワシリー寺院」。サンクトペテルブルグでは、「エルミタージュ美術館」「エカテリーナ宮殿」等々多くある。しかし食は日本よりかなり劣る。タクシーは白タクばかり、みやげ品の代表はマトリョーシカという入れ子のロシア人形やキャビア（チョウザメの卵）といったところであった。

3．失ったゆえに、無いゆえに〔2007年〕

全国理容連合会が、それまでの全国理容連盟を発展的に解消し、当時の環境衛生法制定によって設立されたのが1957年。2007年で50年の区切りとなる。連合会においては、記念誌の発行や式典を行うつもりだが、後継者不足や営業力の低迷を考えると、この節目を機に発想の転換に伴う政策集団の構築を急がなければならないと思っている。少しオーバーかも知れないが、このままだと理容はファッション業界やエステ、美容業の植民地になりかねない。

植民地と言えば、私は昨年11月にOMC（世界理容美容機構）アジアゾーン会議で香港に行く機会があった。1997年、150年にわたるイギリスの植民地から中国に返還されて10年。百万ドルの夜景は耳にしていたが、街をうめつくすかのように、林立する超高層ビルの夜景は想像以上であった。特に着いたその日は雨で、残念に思ったが、雨の香港も素晴らしく、島の両岸に建つビル群から放たれるレザー光線やライトに一層の感動を覚えた。

2泊3日の駆け足の香港出張であったが、資源や特別な産物もない植民地にあって、150年の間に世界有数の金融、商業、観光立国として発展してきた。その理由を考えてみると香港は「失ったゆえに、無いゆえに」生み出す力がついてきたのではないだろうか。

理容業界は先人の努力によって今日まで発展してきた。しかし反面、自然摂理の競争力が低くなったように感じる。グローバル化の中での競争力アップに向けてもっと元気が出るよう、私は全国にそのやる気の支援を続けていかなければならない。

香港での添乗員の口癖は「お客さまも色々です」というものだったが、私たちも色々なお客さまのニーズに応えて、何を生み出し、何を繋いでいけるのかを考え出してその行動を起こすことである。

百万ドルの夜景をバックに
=2006年11月16日、香港

全国へ発信「代々木の窓から」◇①（2007年）

三つの理念を掲げて

国や団体が何をしてくれるのではなく、次の世代のために、あなたは何の種をまき、何を残せるかが問われています。この本紙「代々木の窓から」は、理事長就任時よりの、「Ⅰ、コンプライアンスを重視して、福祉社会の構築にむけての積極的な社会参加活動を行う。Ⅱ、後継者育成事業の展開。Ⅲ、髪から始まるトータルファッションを視野に入れた営業支援」の三つの理念を掲げて取り組んでいる内容を、すべての仲間に発信するものです。大切なことは、みんなの信頼のもとに理事長に選ばれた職責を果たすことであり、世のため、人のために全力を尽くすことで、高い視野での政策により、まずは具体的には次のことを行います。

〈1〉後継者育成をめざして、体験学習課外授業の全国展開

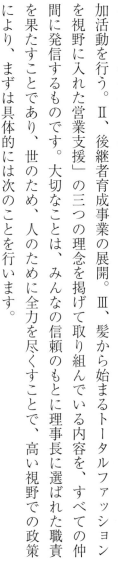

後継者の減少は将来性が感じられない難問題であり、まずは、高校や中学へ若い理美容師を派遣して、後継者づくりプログラムに沿った課外授業を全国で行う。ヘアデザイナーとして、長く安定して働けるヘアスタイリストの道をアピールする。

〈2〉新しい情報誌HITOIKI（ひといき）の発刊

男のヘアスタイル誌を発刊する。新しい雑誌を手に取ったら、多くの仲間と目を通していただきたい。新たな発見や、役に立つ情報があり、話題もふくらみ、お客さまとのコミュニケーションの一助となります。

〈3〉史料館のリニューアルオープン

理容には長い歴史があり、西洋では紀元前のエジプト時代に始まり、西洋理髪師はその後外科医の仕事も行っていたことは広く知られている。また我が国では、鎌倉時代に藤原采女亮《うねめのすけ》が髪結い処を山口県下関市で開いたエピソードなども残っている。それらを紹介する理容史料館は、東京・代々木駅前の全理連ビル4階に5月リニューアルオープンの予定である。

4. やる気・勇気・元気〔2007年〕

連合会の向かう方向や、理事長の「やる気・勇気・元気」の熱い思いを浸透させるべきとの意見もあり、全国版の「代々木の窓から」を年に一度発行すると決めました。全国にある理美容の器具商販売店や日本政策金融公庫全国152支店の窓口にも置いて、連合会や業の良さをアピールすると共に最近情報を発信しますので、ぜひ一読下さい。

全国版の記事の中では、今回特に組織のメリットについて取り上げています。まずは、理容師の免許を受けた者でなければ、業を行ってはならないという理美容の業務独占や、昭和32年の「環境衛生法の公布」は環境衛生金融公庫法の成立（同42年）となり、理美容や旅館・飲食業など全国16業種の近代経営に活かされていて、生活衛生業者の生活安定をもたらしています。

また近年では、レディースシェーブや育毛シャンプー、キッズヘア講習会などの費

用は国からの助成金で実施されていて、組織の存立は小規模事業者にとってメリットばかりです。つまり連合会や組合組織、ひいては社会のためになることとなり、これらの組織加入のメリットを具体的に伝えることができなかった責任は、連合会にもありますが、全国の会員の方々も「組織が何かをしてくれる」かを言うより「自分は社会のため、次世代のために何ができるか」を考えることが大切です。

全国理容連合会では、⑴後継者の育成、⑵営業支援事業、⑶コンプライアンス（地域の規範）を重視し、社会により密着した運営を基本理念に、①高校などへ出向いての体験学習、課外授業の全国展開。②儲かる業づくりの営業支援として、ウィッグ（かつら）の取り扱いの講習会、ヘアアイロン技術での新メニュー化への提案、レディースシェーブ&リフトアップマッサージの提案等々を計画しています。「サロンの繁栄につながる、宝の山のメニューづくり」が目白押しです。人々のオシャレは永遠であり、サロン経営も常に新しい行動を起こさなければいけません。

5．クールビズの取り組み〔2007年〕

夏季の軽装「クールビズ」の普及をとの書類が、環境省より届いた。この呼びかけは、地球の温暖化防止などを目的として、オフィスなどの冷房温度を28度に設定し、体感温度を下げようとする内容だった。時の総理大臣の「かりゆしウェア」着用についての発言や、先月ドイツで開かれたサミット（G8）において温室効果ガス排出削減が明記されたのは記憶に新しい。

政府の呼びかけに応えてのかりゆしウェアの筆者

地球環境問題は、次世代を考える最重要課題であり、このイニシアチブを取るのは「美しい国づくり」をめざす日本であり、私共も賛同してその実行に移らなければいけない。全国理容連合会でも、7月と8月（国では6月～9月）にクールビズ執務を促すと共に、関連する諸事業に参加することとした。

さらに私が考えたことは、服装とヘアスタイルは一体のものであり、軽装に合わせてのヘアスタイルづくりである。連合会機関紙「理楽タイムズ」7月号には、「ちょい悪オヤジのクールビズヘアをはじめ若者のクールビズヘアスタイル」を取り上げている。各サロンも参考にして、オリジナルなヘアスタイルをお客さまに提供されてはどうだろう。加えてもう一案！　涼しさを売る「冷シャンプー」（山形県では昨年、冷やしシャンプーが話題になった）も一考してほしい。例えば、飲食店では青竹の器の冷麺や、氷を使っての盛りつけ、透明度を出しての和菓子など、さまざまな業が涼しさを売りにしている。理美容も、夏に涼しさを売るシャンプー、整髪料などもっと営業の努力の必要があり、年中同じ技術と商品では限界がある。営業には知恵を使い努力しなければいけない。店内のＰＯＰをはじめ、ユニホームなども工夫をしてはどうだろう。

政府よりの夏季の軽装（クールビズ）の呼びかけが、サロン営業の活性化に結びつけば何よりである。クールビズヘアのポスターや、冷シャンプーをどうぞのチラシを今全国に配る準備中である。

6．2007理美容アジアカップ〔2007年〕

2008年8月8日8時8分（現地時間午後）のオリンピック開会に向けて準備が進んでいる中国・北京において、OMC（世界理容美容機構）アジアカップが、7月19日にあった。日本からは3名が出場。その中には、私の地元愛媛県からも一人が挑戦した。その彼は愛媛の代表として何度も全国大会に出場している実力者。しかし、今回は日本を代表するだけに心配と期待が交差していた。日本の技術は世界のトップクラスであり、アジアでの優勝は当たり前と思われているだけに、その当たり前を当然の如く射止める難しさもある。まして、彼には開催国の中国は勿論のこと、他の日本選手もライバルである。私は誰でもいいから日本の選手が金メダルをと、祈る思いで見守った。

しかしである。そんな私の心配はどこ吹く風。競技が始まると、なんと、その彼の回りには中国の観客が会場ガードマンを押し退け、取り囲む人気であった。彼はインターネットを活用して、1992年世界チャンピオン（田中トシオ）の指導を受け、大会に備えたという。競技終了後の「やるだけはやった！」の彼の言葉が印象的であった。

その夕刻、成績発表、表彰式があった。外国におけるこの種の催しは、時間にルーズである。「NO1、ジャパーン」が表彰台に呼ばれたのは、すっかり日も沈んだ頃だった。結果は第1・第2競技共に金メダルで、日本は総合優勝を獲った。ホテルに戻る途中、彼が携帯電話をかけていた。どうやら相手は奥さんらしい。「やっと終わった……」その後、成績結果を一向に語ろうとしない。しばらくして「来て良かった……」仕事を成し遂げた男の報告だった。私も熱いものが込み上げてくるのを覚えた。

競技大会では花の咲かない選手は沢山いる。そんなメンバーにチャンスの場を与えることは、これからの選手を勇気づけることになる。努力すれば誰だって世界の場で技術を見せ、有名になれる。四国からの彼の快挙はそのことを物語ったといえる。

10月、全国理容競技大会が岩手県で、11月には、技能五輪国際大会が静岡県で、また翌年3月には世界大会がシカゴで開催される。どの大会も明日の業づくりに活かしていきたい。生きることの基本は命を繋ぐことであり、業界を預かる舵取り役は、より良い業を次の世代へ繋ぐことだと私は強く信じている。

金メダルに北京の酷暑忘れけり

7. オンリーワンを目指してほしい〔2008年〕

59回全国理容競技大会を昨年10月22日に岩手県で行った。大会のオープニングは、宮沢賢治の「雨ニモ負ケズ風ニモ負ケズ…」の朗読であった。

岩手と言えば他にも、「我、太平洋の橋とならん」の名言を残した5000円札の肖像にもなった新渡戸稲造。そして情熱の詩人で、東京暮らしでは理髪店の二階に下宿していた石川啄木。政界では平民宰相と呼ばれた原敬。柳田国男の「遠野物語」に、NHKの朝ドラ「どんど晴れ」、さらには北上川よりの鮭の遡上、岩手山と一本桜と、話題には事欠かない。

一方、競技大会について、派手さはないが、手づくり型の人情味ある内容と共に、街のみやげ店などを中心に大会ポスターの掲示や、大会内容を知らせる新聞、テレビニュースなどPRにも力を入れ、大きく取り上げられていた。また実行委員も機敏な行動で、各選手にも快く映ったことと思う。

大会のクライマックスとなる閉会式では、昭和23年の第1回大会優勝者（吉田實さん）が舞台で紹介され、私も花束を贈った。吉田さんにマイクを向けると「全国大会は優勝をめざすと共に、大切なのはむしろその日までの日々の努力こそが将来生きる」とコメントした。吉田實さん95歳は大変お元気で、多くの席でご一緒する。今月（1月）の24日には、東京の「ホテルニューオータニ」で開く連合会創立式典にて、業界の最高の賞と位置づけた「理容大授賞」を贈ることとしている。

ＳＭＡＰが歌う「世界に一つだけの花」の歌詞にもあるが、優勝者は一名だけ。しかしそれより選手の皆さんには大会を通じてより多くの方々に「理美容師になって良かった」と思われる、それぞれの道、生き方にオンリーワンを感じ、目指してほしいと私は思っている。

その盛岡でのＢＯＳＳ大森の一句。

不来方《こずかた》の城趾《じょうし》背《そびら》に鮭遡《さけのぼ》る

（東北三大名城と言われた「不来方城《こずかた》」（盛岡城）跡側を流れる中津川には、命をつなぐ産卵に鮭が遡る）

全国へ発信「代々木の窓から」◇②―①（2008年）

代々木は理美容のメッカである

連合会のある東京・代々木は、体育館やゼミナールで知られている。しかし現在は、理容や美容の連合会、さらには理美容の教育センター、そして理美容椅子や化粧品販売会社、さらには美容専門学校などが点在している。また何より、筆者が理事長を務めている中央理美容専門学校発祥の地でもあり、代々木は理美容のメッカである。

その代々木駅前にある「全理連ビル」の前に、理容師法制定60周年を記念して理容のキャラクター「バーバーくん」の立体像を完成させた。モニュメントは約2メートルの鋳物製で、埼玉県の現代の名工、岸洋さんに制作依頼したもの。

除幕式には、制作者の岸さん、塩田清代々木一丁目町会長、田宮恵一ＪＲ代々木駅駅長があたり、「ハイどうぞ！」のかけ

声で紅白の布が除かれると、新春の青空を指さすバーバーくんの青銅像が現れ、47都道府県の理事長から一斉に拍手が起こった。代々木の街では、道行く若者が記念写真を撮ったり足をなでたり、さい銭を置く人まで現れ、元気モニュメント「バーバーくん」は明るい話題となっている。

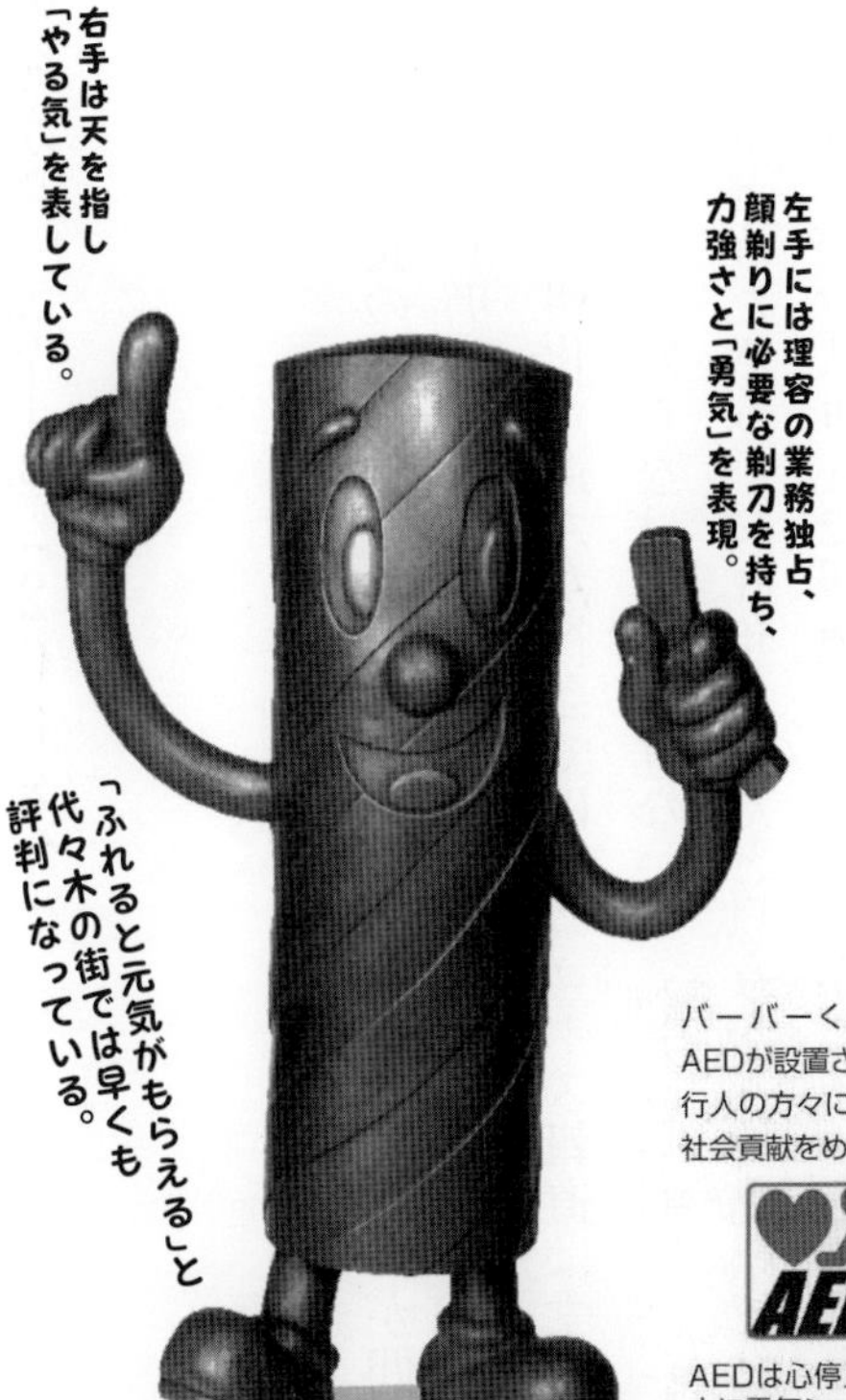
右手は天を指し「やる気」を表している。
左手には理容の業務独占、顔剃りに必要な剃刀を持ち、力強さと「勇気」を表現。
「ふれると元気がもらえる」と代々木の街では早くも評判になっている。

バーバーくんのもとにはAEDが設置され、町内会や通行人の方々に、「安心」という社会貢献をめざしています。

AEDは心停止状態になった人に電気ショックを与えて蘇生を図る医療機器です。

全国へ発信「代々木の窓から」◇2—2（2008年）

風評被害・自由と責任

中国製ギョーザ中毒事件など、食の安全やコンプライアンス（法令順守）が問われる問題が多発している。このギョーザ事件では、中国製と報道されると、その国の類似商品は全て色眼鏡で見られた。情報化が進んだ社会では、ニュース報道はすぐに世界を駆け巡り、風評被害を被ることを知らなければいけない。

では、その心配は理美容にはどうだろう。一昨年だったと思うが、徳島県で結核感染が報じられ、最近では頭ジラミがマスコミで報道され、気になっている。そういえば理美容サロンの消毒方法も、それまでのクレゾール消毒から、現在は「エタノール76．9％～81．4％液に10分以上浸す」となっている。カミソリの消毒方法の徹底などは当然のことである。またあわせて、法律を越えた結核に対する健康診断等は自らが行い、清潔、安心をアピールすることは大切で、サービス業ならではのお客さまへの安全と、自らの健康管理上からも必要である。なぜなら、風評被害を思うと全国の同業サロンに及ぶからである。

さらに付け加えたい。近頃は先人が育んだ組織を軽視して、組織参加をしない人も目立ってきた。免許制度や政府系金融機関での融資制度など、今日の業界を創り上げたのは団結の力であった。しかし、自由が先行する世となり、自分の生活を支える自らの業を守ることすら自由を主張していて、勝手だろ！　の利己主義には業の先行きが心配である。

「人の褌で相撲をとる」という言葉があるが、組織が守ってくれている法律や制度の中で私たちは生活しているとも言える。全国にある理美容サロンは組織内外を問わず、個々ではなく、「株式会社　理美容」であり、連合会として、世のため、人のため、組織力を活かして社会貢献や、ひいては業界の発展に向け、力を合わせることが大切ではないだろうか。

連合会は、東京・代々木にあるよ。みんな集まろう。

8. 国歌「君が代」、米国「星条旗」〔2008年〕

2月末から3月上旬にかけて、世界理美容大会が米国シカゴであった。大会の結果は、念願だった団体総合優勝が叶い、しかも「シニア」、「ジュニア」（25歳未満）のダブル金メダルを獲得。シニアは1992年の日本開催以来16年ぶりであり、ジュニアは初めての団体優勝だった。

さらに今回、感激を一層高めたのは、金メダル国の国歌が表彰時に流れたことにもあった。万歳三唱と共に、何人もの大粒の涙を見た。日本国歌「君が代」には、幾多の思いを込み上げさせる何かがあり、感慨無量の中に心の奥底を揺り起こすような不思議な曲の威力がある。

また、米国で気付いたことに、祝日でもないのに星条旗が目立ったことである。宿泊のホテル周辺には20メートル間隔に立ち、ギリシアやイタリア料理レストラン前には、その国の旗と星条旗を掲げている。ガイドは言う。「多民族国家なればこその国を重んじる団結行為なのでは」と。確かにテレビでスポーツ番組などを見ていると、胸に手を当て星条旗に起立する姿をよく見る。自由の中にも、一定のルールと国を敬う心を養っていると言える。

日本も多民族とはいかないが、外国人との生活も日増しに多くなっている。自己中心的な考え方や行動が行き過ぎてはいけない。お互いを尊敬する気持ちと共に力を合わせる思いを、幼児期から自然に身に付けさせなければ、世界一の自己中心国となってしまう。団体生活をするゆえの最小限の国や故郷を思う気持ちは大切で、国歌や国旗を敬うことに思想の議論などは的はずれであると米国を見て感じた。

大会終了後、帰路ハワイのホノルルへ。それまでは競技のことで頭はいっぱいだったが、突然2001年の宇和島水産高校所属「えひめ丸」の事故が思い出され、愛媛県人として献花をと慰霊碑を訪ねた。35名の乗務員の内9名の尊い命を失った事件、犠牲者の冥福を祈った。

えひめ丸災禍の海や涅槃西風《ねはんにし》

9．方言・訛り丸出し〔2008年〕

私が自分の言葉にかなり強い訛りがあると気付いたのは、5年前のことだった。「関西弁は知っているが、愛媛に訛り言葉があったのか」と大阪での講演会後、その懇親会で言われたのである。また、それと前後しての滋賀県での講演のときも、愛媛の理美容学校時の同級生がいて、「懐かしいわい大森さんの話し方」と声をかけられ、自分の言葉やイントネーションが、愛媛独特のものと感じたことを思い出す。

私の生まれは四国山脈にある上浮穴郡（現在の久万高原町）であるが、毎年5月には上浮穴郡生まれの理容師が中心になって、山菜を持ち寄り、食する「独活《うど》の会」を我が家で行っている。その回数も20回を超えたが、この「ふるさと同郷会」（同郷会の碑・写真）のメンバーの言葉が随分訛っている。「ほうじゃろ、おちょくっとんけ、いんでこうわい」等々、次から次へと出るわ言うわの連発である。

「もんたかや」で始まる方言ことばを、俳優伊丹十三の親しみある表現で松山銘菓の宣伝に使っていることは多くの人が知っている。また、「あんた泣いてんのネ」と歌った今は亡き松山恵子も方言訛りを惜しみなく使い、歌はもちろんのこと、オシャベリでも親しまれていたが、愛媛の訛りは人々に快く受け入れられるように思う。

私が全国の理事長の要職に就いて2年。20回前後の講演に出向いたが、どうも私は、自分の方言訛り丸出しで語らなければ迫力不足で相手に伝わりづらいと感じている。ボルテージが上がると、大森節の方言がここぞとばかりに出てしまう。

そして、この訛りは日本国内のみではなく、フランス、アメリカ、ロシア、中国に出かけたときも同じであった。知っている数少ない英単語を並べて、その後は顔の表情やしぐさで伝えているのである。「目は口ほどにものを言う」との言葉を信じて、身振り手振りで懸命に務めている。格好良く言うと、真心の交流を目指しているのである。

10．連合会正面の三つの話題〔２００８年〕

ＪＲ山手線、代々木駅前にある全国理容連合会の正面玄関が、三つの話題で賑わっている。

その一つは、09年ニューヘア「3A-tion（スリーエーション）」ポスターの掲示である。モデルがミュージシャンでタレントのＤＡＩＧＯ《ダイゴ》（竹下登元首相の孫）ということで、若者がビル前で大ハシャギ。ＤＡＩＧＯは、夜のテレビ番組、ゴールデンタイムに出ない日はないくらいの人気。そのスターが、タレントの命とも言えるヘアスタイルモデルを快諾してくれ、大変感謝をしている。このポスターを「欲しい！」と連合会に問い合わせが殺到すると共に、今やネットオークションで値が付いているというから？　嬉しい限りである。どうもこの話題は当分続きそうで、皆さん！　ＤＡＩＧＯの応援をお願いします。

二つ目の話題は、今年の春より取り組んだ地球温暖化対策の標語募集の特選「省エネを意識している君が好き」の大型懸垂幕である。環境問題は人類最大の課題であり、体感温度を1度下げようと「クールビズヘア」の発表なども行なったが、組織団体が率先して環境問題に取り組むことに意義があると思っている。またこのことはニュース性もあり、取材も多く、業界のレベルを上げるPR効果を発揮している。私ども連合会では二酸化炭素吸収が4～6倍あると言われている植物「サンパチェンス」の苗も配り、アピールをしている。

もう一つの話題は、今年一月に建立した「元気モニュメント・バーバーくん」である。さわると元気が出るということで、全国紙にも載り、ヤフーニュースのトップに取り上げられたこともあった。語り部となるよう願いを込め、理美容師法制定60年を機に建てたモニュメントが、多くの通行人の足を止めているのである。連合会正面の広告塔として注目されているのは喜びの極みである。

理美容師法制定60年記念であいさつをする筆者
=2008年1月

11. 慎太郎カット、潮来刈りそしてピースボウズ〔2009年〕

理容師を主人公にした、オペラ「セビリアの理髪師」は有名。（理容師フィガロの機転のきいた立ち回りで、伯爵と街一番の美女が結ばれるストーリーである）。また韓国映画「大統領の理髪師」も観たことがある。そうした中、私は世界でナンバーワンの理容技術を持つこの日本にも、未来に継がれていく理容師のドラマが欲しいと思っていた。するとSMAPの中居正広くん演ずる理容師、清水豊松「私は貝になりたい」が50年ぶりに封切られた。この業が話題になることならと、サロン掲示用のポスターや映画入場割引券の配布、さらには、映画試写会イベントなどのPR事業にも参加した。また、ドラマの中の時代（戦時中）の丸刈り頭を、21世紀型のショートヘアの流行へと「ピースボウズ」（平和を願ってのオシャレボウズ）と名付けて、夏のCO2削減ヘアスタイルを視野に入れ、少しでも広がればと思っている。

国民生活に密着した理容師の創るヘアスタイルは、過去には元・石原慎太郎東京都知事の「慎太郎カット」や歌手・橋幸夫の「潮来《いたこ》刈り」などがブームとなり大流行した。そして現在、中居正広くんの「ピースボウズ」をサロンのメニューに加えて、夏のクールビズヘアとして、各お店の営業力アップに繋げてはどうだろうか。

また、驚いたことは、私とその中居くんが対談して映画の宣伝記事とした全国理容連合会情報誌「ｈｉｔｏｉｋｉ」が一般の方々より一〇〇〇冊を超えて予約注文が続いていることであった。超一流タレントの人気の凄さを今さらながら知らされる出来事だった。

映画「私は貝になりたい」のポスター

全国へ発信「代々木の窓から」◇③（２００９年）

ｙｅｓ・ｗｅ・ｃａｎ（我々にはできる）

バラク・オバマ米国大統領の就任式は、連邦議会議事堂前で行われ、約２００万人の人々が集まったという。戦争、貧困、そしてアメリカから始まった大不況に対して、選挙中は、イエス・ウィ・キャン（我々にはできる）、そしてチェンジ（変革）の言葉で有権者の心をつかんだのである。

――そこでオバマ大統領が、代々木の窓から「日本のこの業にチェンジ」を呼びかけるとしたらどうだろう。次の４項目になるのかも……

〈１〉変わろう――「髪から始まるトータルファッション」の総合美をめざすと共に、「気持ちいい、明日からガンバロウ」を感じさせる、日本のおもてなしの技でお客さまの満足度を高めよう。日本のテクニックは世界で№１である。

〈２〉危機への決意――この業をめざす後継者は少なく、理美

容師養成校は経営を中心に考え、理容科の廃科など無責任に動いている。一方、業界は「刈って、剃って、洗って、セット」の使い古された定説にすがり、あらゆるチャレンジを先送りにしている。この業は危機のまっただ中にいることに気付こう。

〈3〉再生への道――後継者の確保には、まずは儲かる格好いい業づくりである。そして不況に強く、長く働け、努力で世界に羽ばたける業の良さを伝えるなど、するべきことはいたるところにある。また個々のサロンは競争社会のサービス業の自覚をもち、店構え、技術、サービス心を研ぎ澄まして行動に移すことである。（先人は知恵を出し、徒弟制度を学校制度へ導き、理美容師免許制度を作った）

〈4〉未来への責任と自覚――大切なことは、未来へこの業を立派に引き継ぐ意志である。昭和20～30年代の過当競争という苦難の冬を乗り越えた経由があり、成功への土台は機会をとらえて何事にも挑戦することである。我々は今何ができるかを常に忘れず、儲かる業づくりに一人ひとりが徹してみることである。イエス・ウィ・キャンに気付いてほしい。

12．東京だヨおっ母さん〔2009年〕

私の母は、手足の関節がすべて変形する「リウマチ」で20年近く床についていた。歌手の島倉千代子の歌が好きで「東京だヨおっ母さん」をよく口ずさんで、時折、東京の二重橋を見に行きたいとも言っていた。「親孝行したい時には親はなし」と言うが、その母が亡くなったのが２００２年の６月で、もう7年になる。

昨年の秋、私は図らずも全国生活衛生業のお世話をさせていただいたおかげで藍綬褒章の栄に浴した。（現在、全国で活動できるのも組織が安定しているからである。また過去においても波瀾万丈の日々も数多あった。どんな時も私を支えて下さり、常に頑張れる環境を与えてくれた多くの皆々さまに幾重にも感謝を申し上げたい）

11月18日、妻と揃って皇居へと向かう。皇居は元江戸城で、現在は天皇陛下のお住居である。左手に桜田門を見て、坂下門をくぐり、私のめざしたのは豊明殿。そこは宮殿の中でも一番広い部屋（915平方メートル）で、一棟一室。木の香りの中、厳かに室に入ると、正面の壁面には夕空の五彩の雲の描写が目に入った。天井には32のクリスタルガラス製のシャンデリア、後方は明り障子。現在の場所には明治宮殿があり、明治、大正、昭和と日本の文化色ある心のこもった数々の国家的行事を見つめてきたところである。

その日は、褒章伝達から、天皇陛下拝謁まで古式にのっとった内容に緊張の連続であったが一生の思い出であり、今は亡き父母の遺影をポケットに忍ばせた、遅き親孝行のできた一日でもあった。

錦秋や亡き父母とゆく二重橋

13．平和で安心できる世の中を〔2009年〕

還暦を超えた頃になって、遅ればせながら自分のライフワークを、自らに問いかけてみた。私は次代を担う人々に、平和で安心できる世の中を繋ぐことと結論付けた。この思いは、社会全体に対しても、また業界に対しても、共通して言えることである。つまり、我田引水の業界エゴではなく、社会と共に歩むという考え方が、未来の素晴らしい業界づくりになると固く信じているからである。

「イエス・ウィ・キャン」で米国有権者の心をつかんだオバマ大統領は4月5日､チェコの首都プラハで「核なき世界をめざす」と宣言して話題となった。核の正当化には、平和利用や抑止力を掲げることもある。しかし､それは理性が働いている国､また人々に対して言えることで、それぞれの国家国民の思想、考え方は様々である。私は、オバマ大統領の考え方と勇気ある発言に感動すると共に、この思いを少しでも広げたいと思っている。

この8月、「ザ・平和&元気」展を企画。俳句王国の愛媛・松山に帰り、愛媛県俳句協会々長の相原左義長と、爆心地・広島や長崎を見つめての、その悲しみと、立ち上がる元気が出る作品展の準備を進めている。特に今、その取り組みのメッセージをオバマ大統領に代々木・連合会理事長室の窓より発信しようとしている。

チェンジを誓《ちか》ふ冬晴《ふゆば》れ星条旗《せいじょうき》

Pledging change in the fine winter day the stars and stripes

この愚句作（写真）を米国のホワイトハウスへ届けようと思っている。私は俳句の専門家でもなく、どんなことになるかはわからないが、唯一の被爆国として、核軍縮の大切さを手づくりで呼びかけるつもりである。8月のその日には、①映像で見る平和への提言ビデオの上映や②朗読コンサート、そして、愛媛の業界で作成した理容俳句かるた「髪刈られつつ終戦の日の黙禱」をも展示する。子供や孫のため、平和の継承を願ってやまない私である。

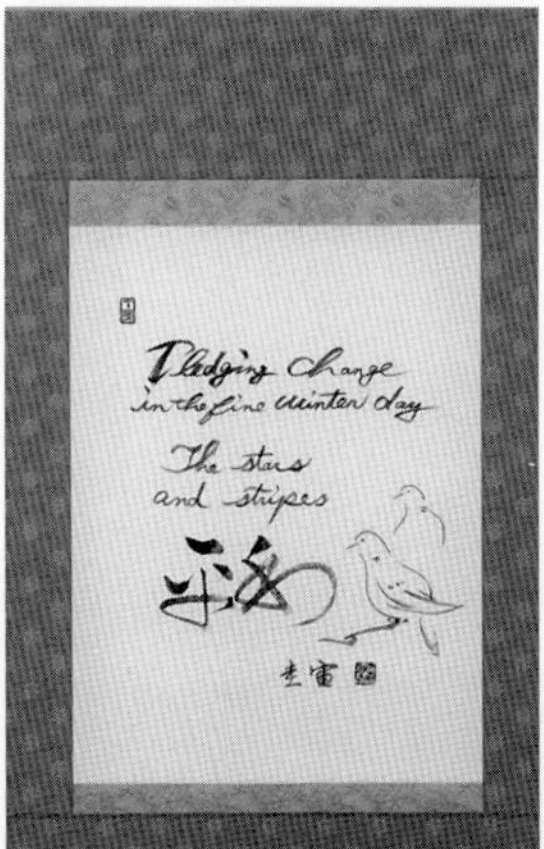

14．秋の夜の思い〔2009年〕

立秋も過ぎて2週間、盃を片手にテレビのスイッチを入れた。懐かしい時代を彩った歌、尾崎紀世彦の「また逢う日まで」が、続いて五輪真弓の「恋人よ」、そして、いしだあゆみの「ブルー・ライト・ヨコハマ」等々、2時間30分、見入ってしまった。いしだあゆみの痩身に細面、目尻のしわには歳月の流れと、相変わらずの薄化粧と会話に人柄が滲み出ていた。

あの頃の歌い手は個性派が多かったように思う。また、長く日本人の心に残る歌手は、楽譜や音符を超え自己をさらけ出した、勇気ある歌い方があったように感じる。今は亡き河島英五の人間性にふれた番組を見たことがあるが、ギターを叩き、体全身からの「酒と泪と男と女」に強く感動したことがある。

書や絵画でも、小手先で上手に描こうとすると、線も生きず、迫力に欠け、見る者への感動は起こらない。

このことを、先の衆議院総選挙を終えた政界に置き換えてみる。どの党にも少なからず言えるが、他党への批判と有権者に甘いバラマキの上手話ばかりに終始したと感じたのは私だけだろうか。もちろんその原因や責任は有権者側にもあると言える。つまり政治に求める価値観が間違ってきているのである。有権者は、候補者が自分のために何をしてくれるという気持ちを捨てること、そして立候補者のマニフェスト等に、未来へのプランがどう立てられているかを見極める力が問われているのである。

このことを、さらに私共の組織に照らし合わせ省みる。自己への目先のメリットのみを求め過ぎていないだろうか。二期目も世の中の真の価値観を見失わず、ぶれず進んでいかなければならない。目の前のことも大切だが、併せて未来をしっかり見つめて歩むつもりである。

その夜の第41回思い出のメロディーは、昭和38年の「明日があるさ」の合唱でラストとなった。時計は午後10時を指し、いつしか夜空の月も高くなっていた。

盃を傾け月の昇りけり

15．歴史の力を借りて〔2010年〕

司馬遼太郎の小説『坂の上の雲』の放送が始まった。歴史上の人物の功を称えての「まちおこし」は人々に勇気と感動を与える。

理容サロン経営の歴史について国内では、鎌倉時代、亀山天皇に仕えていた京都北面武士、北小路左兵衛門藤原晴基が宝刀「九竜丸」を紛失。探索に現在の山口県下関市で、三男采女亮政之と髪結職を始めた。そこには床の間があり、亀山天皇の掛け軸があった（一銭職由諸書より）ことから、床の間があるところ、「床屋」すなわち床屋発祥の場所として下関の亀山八幡宮にその碑がある。また、その北小路采女亮の墓のある東京、文京区の「西信寺」には墓所碑を、西暦2000年を記念して、私が委員長となり建立した。その後も、全国の碑の会を結成して業にまつわる古きいわれをたずねている。

そして先の京都での全国競技大会では、大報恩寺（千本釈迦堂）であのお釈迦さまの高弟、十体の像に遭遇。直立で正面を見据えた舎利弗、目犍連、大迦葉、須菩提、富楼那弥多羅尼子、迦旃延、阿那律、優婆離、羅睺羅、阿難陀の像、その中でも優婆《ウバ》離《リ》像は「法眠快慶」作で元理髪師であることを知った。これは大々的に後世に伝えていくべきと私は判断。代々木の全国連合会には、「理容ミュージアム」があり、一般入館者をはじめマスコミの取材も多い。そこでこれを活かし、この紀元前の優婆離像（写真）を建立、そして展示することを提案、全会一致の了承を得た。像製作は京都の「松久宗琳佛所」に依頼し、現在進めている。

また、この「理容ミュージアム」は見る施設から参加型に随時変える予定で、多くの方が訪ねてくれることを願っている。「まちおこし」と同様に連合会も歴史に力を貸りて「業界おこし」をし、温故知新をめざしたいと思っている。

掌を合はす優婆離《ウバリ》佛像 淑気《しゅくき》満つ

全国へ発信「代々木の窓から」④—①（2010年）

次世代のために何ができるか

北欧のデンマークでCOP15（国連気候変動枠組・第15回締結国会議）があり、「留意する」との表現で採択された。デンマークは、エネルギー資源も洋上の風力発電設備を有し、その能力は電力供給量の約2割を占めているという。それぞれの国や人々が地球温暖化対策に対応することは大切である。

私は以前より、ごみの分別や環境にやさしいシャンプー選びなど、環境問題を考えていた。そして2007年に環境省よりの地球温暖化防止の国民運動「クールビズ」の呼びかけに賛同して、省エ

「クールビズ2009」を受賞した筆者（後列右から4人目）
=2009年11月25日、帝国ホテル東京

ネに資する「冷房温度28℃設定」をはじめ、クールビズヘアの発表や、一般社会をも巻き込んでの温暖化問題の標語やコメントの募集、また環境省、チーム・マイナス6％との連携によるＣＯ２削減への各イベントにも参加。これらの活動が認められてだろうか、昨年11月25日、私は東京都内のホテルにおいて「クールビズ・オブ・ザ・イヤー２００９」、エグゼクティブ部門を受賞（写真）した。受賞者はフランツ＝ミカエル・スキョル・メルビン駐日デンマーク大使をはじめ有名人著名人ばかりだった。私の受賞は国民生活のコミュニケーションサロンとしてエコ意識の高揚に努めたということであって私の思いに賛同してくれる関係者全員が受けた賞と思っていて、これを機に今後も次世代のために何ができるかを考え、環境問題に取り組みたいと考えている。

全国へ発信「代々木の窓から」④―②（2010年）

シニア層が主役

お客さまも、またシニア理容師も楽しく馴染める新しい女性のヘアスタイルをと、レディス客の集客をめざしての「フルムーンヘア」、そしてメンズヘアスタイル「イケメンヘア」を考え、創作してみました。いずれも70歳理美容師現役社会の実現を呼びかけるBOSS大森のテクニックでできるスタイルです。あなたのサロンの新メニューに加えて営業力アップにつなげましょう。

この講習会は4月より都道府県への申請で、各地で実施可能です。（なお、フルムーンヘア「今だからあなたに」のCD も完成）見て聴いての楽しいセミナーです。

16．寝るのはふとん、下着はふんどし〔2010年〕

子育ての頃、風呂から出た我が子供に「早ようパンツはいて」と何度か繰り返し言っていた記憶がある。ところが、今時はパンツと言えば、まずはズボン風の下穿きの意とか。広辞苑によると、〔①ズボンに同じ②運動する時などにはく短いズボン等々〕とある。

わが家では、毎年1月2日に仲間が集う「年始の会」を行っている。今年はその「パンツ」が話題となった。今は時代と共に呼び名も変わり「トランクス」と言い、型も異なり、私が使用している白の「ブリーフ型」は、公衆浴場でも見かけないという。その日に集まった20数人の話からすると、どうもこの型の下着は私一人のようで、時代遅れの年寄りスタイルとなった。そこで、単身赴任の身、正月明けに東京都心の百貨店へ行き、インフォメーションボードに沿って、男の下着コーナーをのぞいた。カラフルさや、女性客が多いのにまずはビックリ。平静さを保ちつつ売り場をふた回りしたが、色ばかりが気になって型までは分からず、店員に聞くことも気が引け、結局は日を変えることにした。つまり、東京のその売り場には、私の「男のパンツ」は見当たらなかったのである。

下着までもが時代に流されてしまったのである。そう言えば、あの年始の会で誰かが言っていた。「ＢＯＳＳはいっそのこと褌（フンドシ）にしたら」と……。歌謡曲のセリフに「寝るのはふとん、下着はフンドシ」とはあるが、私は、明治・大正の生まれではなく、昭和の、しかも戦後生まれである。中村草田男の句、明治は遠くなりにけりではなく、昭和も遠くなりにけりである。

ただこのフンドシ、特に不整脈（心臓・心室期外収縮）治療・カテーテルアプレーションの時、私は二度共特に赤フンドシをして臨んだ。またその後も決断する何かの日には、気持ちと合わせてフンドシの紐を引き締めて出かけることにしている。

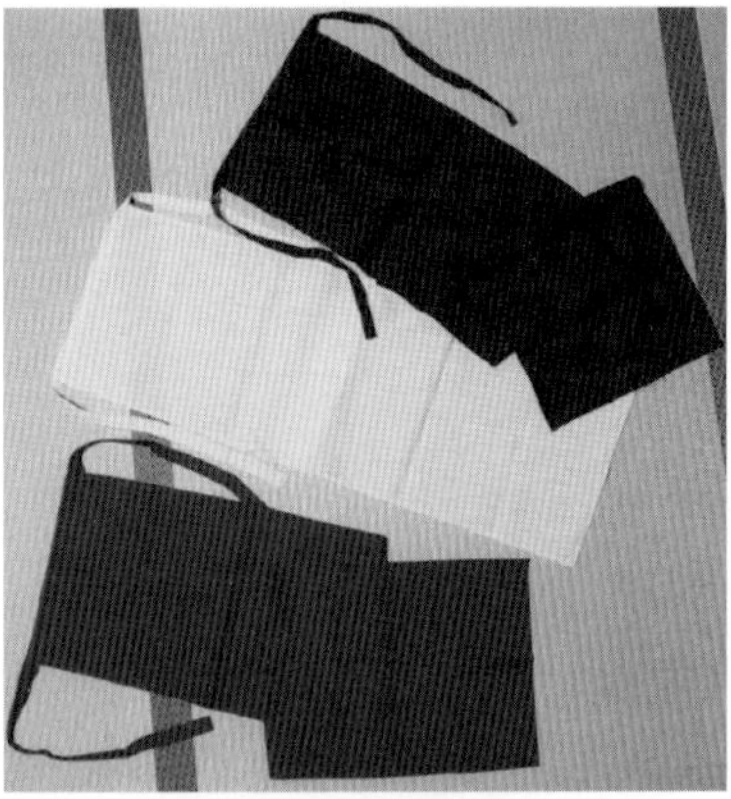

1月2日の年始の会の後、届いたトリコロール褌

17．伊予の方言〔2010年〕

東京・代々木には全国の代表者が集まり、言葉にもそれぞれの方言がある。方言のエピソードで一番強烈に浮かぶのは、慶応3年、京都の近江屋での坂本龍馬、中岡慎太郎の暗殺時の方言である。この時の刺客が誰であったかは謎。会津藩の指揮下にあった見廻組とか、紀州藩士の「いろは丸事件」の遺恨とか説は色々。ただ、切りつけられた中岡の頭蓋骨は折られるほどだったが、その時の「こなくそ」の一声が伊予方言だったことから、松山出身の新撰組隊員、原田左之助だという、方言を根拠とする一説もある。

言葉の大切さは、口は災いのもと、歯に衣着せぬ発言等々あるが、人はそれぞれ考え方が違う。それをいかに争わずして、後に残さず、意見をまとめるかがリーダーの務め。「工夫とやらせ」「相談と談合」「料金改定と値上げ」など、表現の方法で受け取り方も随分と違う。「物は言いようで角が立つ」私が注意するのは、どうもこちらの方のようである。

今年3月、世界理美容機構のアジア会議、そして競技大会で、インド洋のスリランカに向かった時のことである。同僚の教育委員長と一緒で、香港空港ラウンジでの出来事だった。
「ワンビール、ワンコーラ」私は人差し指を高く立て、飲み物を注文。しばらくすると届き、乾杯をしようとすると、
同僚「随分と白いビールでんなあ」
私「黒ビールもあれば白ビールもあるでぇ」
同僚「随分と泡の多いビールでんなあ」
私「ドイツなんか泡ばっかりやでえ、泡が旨いんやがねえ」
二人「ほなら乾杯！」
同僚「これミルクの味がしまっせ」
私「えっ、なにい！カムヒアー、ノーミルク、ビール、ビール」
ウエイトレスは何が何だか分からないようす？
私「ビール、キリン、サッポロ」
しばらく待つとアサヒの缶ビールが届いた。ビールは「ビア」、さらに私の発音が悪くミルクの注文に聞こえたのである。イングリッシュまで伊予の方言だったようだ。

18. 国民の目線で物事を〔2010年〕

昨年の8月、投開票があった衆議院総選挙で308議席を得て第一党となった民主党は、「行政刷新会議・事業仕分け」を旗じるしに、一刀両断に法人改革に手を付けた。官僚の天下り禁止や歳出削減には、私も賛意を表したが、理美容師試験センターの行う管理理容師講習会や、全国生活衛生指導センターを、十分な意見も聞かず廃止との結論付けには驚いた。試験センターへの職員の天下りの給与等は、理美容師の受験料や講習料が財源であり、この歳出削減には、よくぞ問題視してくれたと思う反面、即廃止はないだろうと思った。また、指導センターは、全国47都道府県に傘下をもち、生活衛生16業者の経営や金融相談をはじめ、それぞれの業界の活性化を支援しているだけに廃止だけは避けなければいけないと、約90万人の署名をバックに補助金の活用状況を説明に出かけた。世の中の大きな変化には、プラスとマイナスがあるもの。マンネリ化打破には、民主党の出現は「良」で、逆に十分な調査も行わず、評価シートに、継続、廃止を○印と×印とで応えるパフォーマンスには、選挙への利用と思った。中でも私が最も理解できなかったのは、陳情等の窓口がすべて党の幹事長室だということである。元来、国民の要望は、行政の窓口である。官僚から政治主導にと、掛け声はよいが、このままでは政党主導になり、選挙と一体化してしまう。国民や地域、団体の要望の窓口が政党になってしまっては大変である。

選挙は、勝ちとか負けとかが先行していて、政策や将来に向けての具体策など見当たらず、討論会を聞いていてもののしり合いで、子供や孫には聞かせられたものではない。政治をめざす者は、己を捨て、公僕となって尽くし、何よりもっと上品でありたいものである。

私もトップリーダーとして、国民（人々）の目線で物事を見て、社会も業界も共に栄えるという考え方で取り組みたいと自らに言い聞かせた。その思いと行動こそが、より良い社会づくりと業界の未来づくりと信じている。

19. フランス文化〔2011年〕

世界理美容大会で昨年11月、フランス・パリに行った。二度目でもあり、日本と異なることを、より細かく探ってみた。

まず欧州は旧約聖書、エデンの園の神話「アダムとイブ」の話でも理解できるが、休日を大切にする。それに比べ仏教国は修行や勤勉を尊ぶことからも、根本的に生活文化が異なるように思う。またフランス人は、他人にはあまり関与をしない。さらに時間にはルーズ、にもかかわらず街角には時計は多く、特にリヨン駅の時計台（写真）は、古く大きく立派なものである。

またセーヌ川沿いには築200年から300年の建物ばかり。補修をしながら保存し、後世に伝えている。パリを象徴するエッフェル塔は、1889年のパリ万博を記念して建てられたもので、電波塔の役割で今も残っているのが現状のようだ。さらに

建物といえば、セーヌ川沿いに何百とあるトタン屋根の古本屋にも驚く。これも文化で、営業権の売買や世襲制で繋いでいるという。歴史と伝統を守りつつ、過去の植民地施策や人口減少傾向をふまえて、移民を多く受け入れ、スローライフを貫くフランスである。

次に暮らしは、自分の生活を最優先、顧客に対しても日本とは異なる。知人を通じてレストランを正午に予約。15分前に到着、小雨で冷たい日だったので、店内で待たせてもらうように言ったが、ダメの一言。食事は堅いパンに野菜、ハムにワイン。そしてソースにこだわっての濃厚な味付けが多い。世界三大珍味と言われる茸の一種、トリュフもビックリするほどでもなく、松茸の方が美味である。フォアグラは鳥の肝臓をペースト状にしたもので、生臭く、尿酸値の高い私は避けた。「郷に入らば郷に従え」で、その地になじむことにしている私も、食事は会話を楽しむ時間だと考え方を変えた。

その他、フランスは芸術の宝庫。ゴッホ、ゴーギャンなど多くの巨匠が住んだ街だ。モンマルトルの丘では私も「にがお絵」を依頼。日本円で約6000円で、私の唯一の記念土産となった。

全国へ発信「代々木の窓から」⑤（2011年）

品格の競い合い

「19. フランス文化」に続いて、二度目のパリの旅でのこと。

朝食時にアジア人と欧米人の席が分けられていた。欧米人の席の方が明るくて、入ろうとするが「ノン」の一言。朝から口論もできず、言われるままにしたが、不愉快であった。「アジア人は大声でマナーが悪い」ということを聞いたことがある。確かに周囲に目をやると、食事の席に理美容の競技用のモデルマネキンを持ち込んでいるのは感じが悪かった。

また2008年の、アメリカ・シカゴでの大会前日、バイキング形式の朝食の果物を袋に入れるという恥ずかしい場面に遭遇したこともある。人はすべてみんな平等で

ある。しかし他人に与える感じは、それ以上に心づかいを考えなければいけない。

いつだったか、名古屋（中部国際空港セントレア）で宿泊したときのこと、朝食に二人のパイロットが、バッグと帽子を片手に席に着いた。ネクタイをして背筋を伸ばし、品格のあるその姿に、「朝食はいつもその格好ですか?」とたずねてみた。パイロットは身だしなみに誇りを持っているように私は感じた。

理美容などの技の競争も大切だが、培われる品と風格を一人ひとりが養い、次の世代へ繋いでいくことも忘れてはいけない。特にグローバル化が進む中にあって、世界は「品格」の競い合いかも知れない。すてきな人生を送るためには忘れてはいけないことである。またその品格への高い評価は簡単にはできず、長い年月の中に培われるものである。またその評価を下げるのは一瞬であることも知っておかなければならない。次世代への贈り物として、世界が認める品格を日本の文化の中心に考えていきたいものである。高い評価、品格は、次世代の日本人への何よりの贈りものになるはずである。

20．自在流を自覚〔2011年〕

道路脇を埋め尽くした落葉や草木の生命力に思いを寄せる。強風は木々の根っ子を強く張らせたり、落葉を早めるが、それは冬に向けての養分の蓄積となる。さらに落葉はやがては肥料となる。

この自然界の営みは人の力の及ばない意味あることで、草木のための風雨であるとも言えよう。つまり、人間のみの生存ではなく共生するという考え方を忘れてはいけない。自然界のアニミズム的（万物に霊魂がやどる）心理すら否定することのできないこととも言える。私は若い頃、理想主義者とか絶対者とか言われたことがあるが、人生に一定の道筋を描き、計画的に歩んできた。それは、少々無理であっても挑戦という気持ちで切り開いてきた。しかし60歳を過ぎると、こ

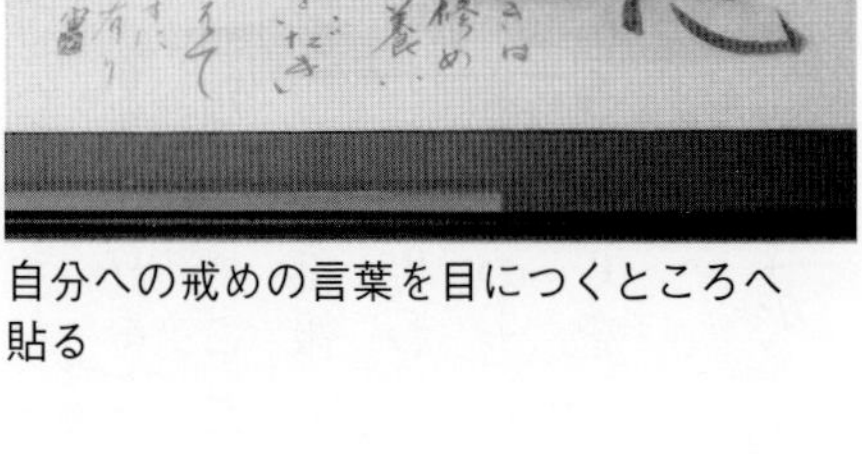

自分への戒めの言葉を目につくところへ貼る

の大自然の営みの中での流れを受け入れて、身をあずけることが随分多くなってきたように思う。それは私の務める代々木の事務所運営でも家庭生活でも言える。流れを見ながら、機が熟してから、またタイミングを計かって進めるようになった。そのことは摩擦を避けることになり、成功度も高いように感じる。このことは決して「果報は寝て待て」という何もしないことではなく、日頃の努力の中で、目指すものを失わず、慌てず、冷静沈着に一つひとつを成し遂げることを言っているのである。その一つの山を越え、また次の山を越えの積み重ねが人生である。現実を認めつつ、多くを受け入れ、最良の選択をすることが肝要である。

人生は難しく、悩み続けるか（迷うことで悟りも生ず）、それとも受け入れるかだが、この自在流を自覚すれば楽しい日々が多くなるものである。

21．東北地方太平洋沖地震（東日本大震災）〔２０１１年〕

３月11日、国内観測史上最悪の東北地方太平洋沖地震が起きた。特に東北地方の太平洋側では高さ10メートルを超えて、沿岸から数キロ内陸に津波が押し寄せ、漁船、乗用車、建物も流され、多くの死者、不明者が出るなど甚大な被害となった。また、この地震と津波の影響は東京電力福島第一原子力発電所の爆発や炉心溶融、放射線物質の放出、さらには計画停電、魚介類、野菜などの出荷停止等々、日本は未曾有の試練をむかえた。

私がこの巨大地震に気付いたのは週末ということで松山空港に着いた時だった。テレビ速報の不協和音で画像に目をやると、地震に続いての目を疑うばかりの大津波で、まるで地獄絵図を見るようだった。

その後、東京・代々木での仕事に戻ったが、余震に脅え、ヘルメットをかぶり、リュックサックを背負ったままで業務をする職員もいた。また何とも原始的なのが、福島原発のヘリコプターによる海水放水の冷却処理であった。さらに原乳や野菜の放射線ヨウ素の検出についても「健康への影響は安全だけれど摂取制限をする。飲んでも構わないが、飲まない方が良い」などと政府の説明も責任のがれのようでよくわからない。

3月25日、福島原発3号機が水素爆発を起こして建屋の上の部分が破壊。日本政府の対応は、剣が峰に立つ極限の綱渡りのようになった。私も毎日の暗いニュースには嫌になり、やる気を失いそうだった。文献で調べると「共感疲労」というらしい。また、テレビのCMにも変なのが流れ始めた。「こんにちワン、ありがとウサギ、魔法の言葉でポ、ポ、ポーン」。明るいニュースは、石巻市で9日振りに80歳の女性が救出されたことだった。

3月28日、岩手県と宮城県に出かけた。ガソリンスタンド前の車の列には驚いた。5時間待って20《リットル》の給油だそうだ。岩手県では地元の役員会に出席。現場の意見を聞くと共に見舞金一千万円を手渡し、その後一路宮城県に移動した。現地からの要望に対し、私はすべてに「わかった」と答えるしかなかった。その後、津波で多くの尊い命を失った名取市閖上地区に入り、犠牲者に手を合わせた。またぎりぎりのところで生きている人々に会うと、「私にできることは何でも言って」と口にしていた。

三月をいう「弥生《いやおい》」とは、痛みを力に変えること。四月こそ好転することを祈った。

22. 復興につながるボランティア〔2011年〕

震災より3週間たった4月1日、政府は呼称を「東日本大震災」と決めた。宮城県気仙沼の沖合約1・8キロの海上で、流れる屋根の上で漂流をしていた一匹の犬を保護、感動のニュースとなった。しかし一方、福島県の原子力発電所の事故は、高濃度の汚染水が海へ流出するなど不安も広がった。

また、この頃から理美容のボランティアがマスメディアで報道されるようになったが、4月4日、私は福島県で行う理容ボランティア参加のため代々木を出発。福島市内の「あづま総合運動公園」に向かった。

笹子鳴く被災の児らの髪を刈り

そこには福島原発から20キロ圏内の人々が避難していて、その中には理容師

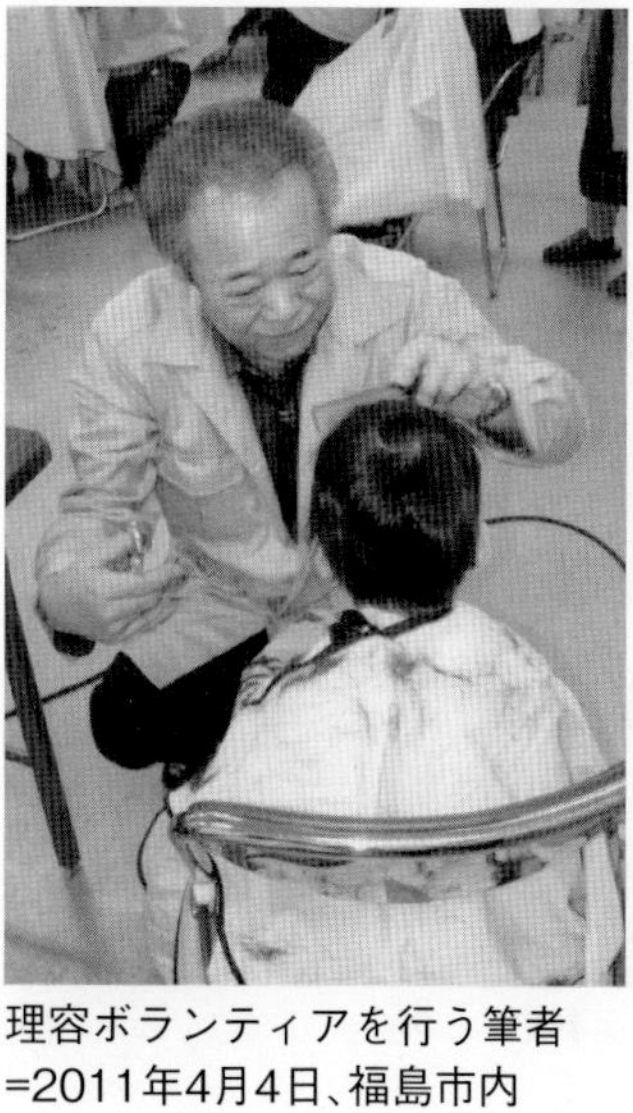

理容ボランティアを行う筆者
=2011年4月4日、福島市内

3人の姿もあった。「今までで一番うれしかったのは、津波から逃げ“助かったあ”と思ったとき、そして今日、理容ボランティアに加わって鋏を取り、カットをして、“ありがとう”と言われたときだ」とそこにいた理容師は語った。

私の考える「理容ボランティアの心得」を記しておこう。

一、避難所現場との事前打ち合わせが大切。晴れた暖かい日の午後1時から4時くらいに実施する。

二、被災者の溜まるストレス解消に向けて、元気なエネルギーを引き出す一言など言葉の選択を考える。

三、ボランティアプロジェクトに地元の避難者を加える。

四、支援物資については「物あまり」を恐れないこと。

五、被災地の理容師の再生復興につながる支援であること。

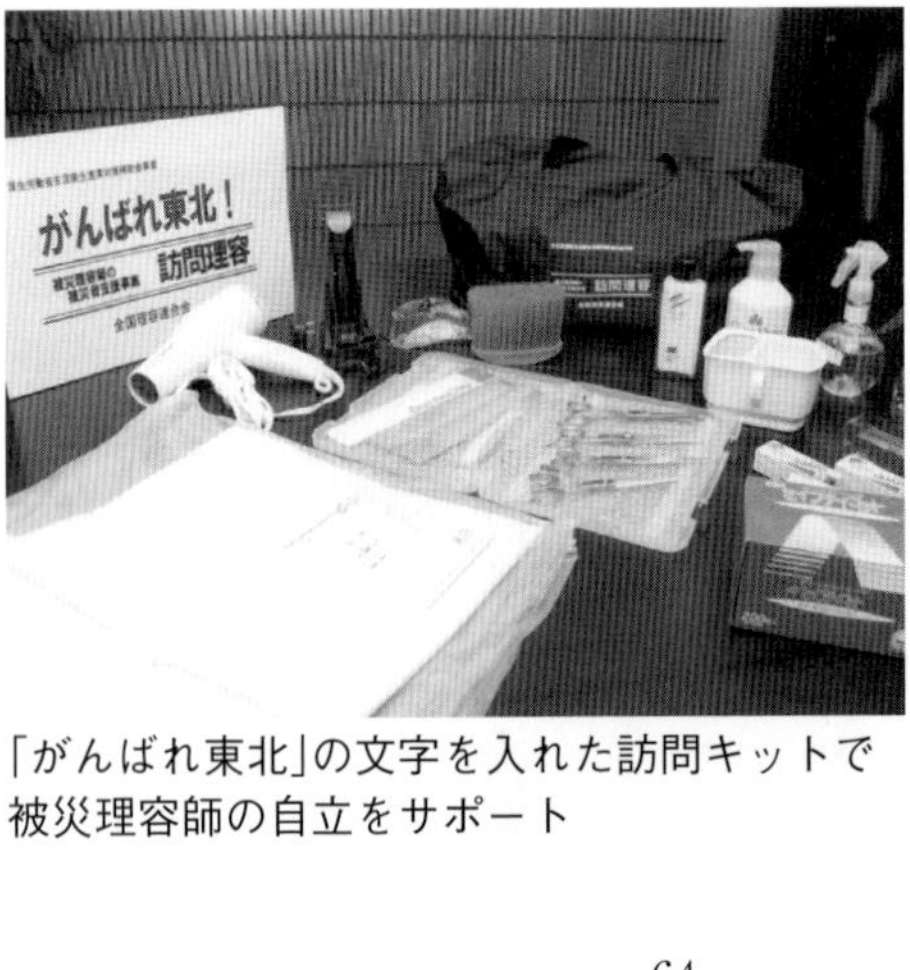

「がんばれ東北」の文字を入れた訪問キットで被災理容師の自立をサポート

4月12日、あの日から1カ月になるが、震度4以上の余震は100回以上起きている。その時の第一声◇愛媛の人は「地震じゃ」◇関東の人は「来たあ」◇東北では「もうかんべんしてよ」現地はそれほどに疲れ切っているのである。

4月22日、全国理容連合会が進めてきた「避難者への地元理容師による訪問理容」が認められ、厚労省課長通知が出た。また、それに伴う訪問理容キットを準備、より衛生的なサロン外での理美容サービスシステムが実現した。またその後、私共連合会の働きかけもあって仮設店舗の建設、理容サロン再生復興に向けての借入れ金の無利子適用が可能になった。さらには今後、放射能汚染の風評被害払拭に向けて、福島市へ出向いての「全国理容連合会、がんばろう東北会議」の開催や、それに先がけての地元産活性化への朝市などを行った。

東日本大震災への対応は、平成7年の阪神大震災時の体験や昨年度実施した「訪問福祉理容」の取り組みが活かされたもので、過去、現在、未来という連続性のスピードある経験の重要さを感じている。

23．沖縄・日本復帰40周年・理美容アジア大会〔2012年〕

今年の2月には、OMC（世界理容美容機構）のアジア大会を日本・沖縄で行うこととしている。東日本大震災への支援と復興に向けて全力を注いでいたこともあり、大会はややスロースタートになったが、その沖縄大会は日本の理容の力量が問われている。

特に近頃は明るいニュースが少ないだけに、理美容業界最大のイベントである大会を、元気の出る催しにしたいと考えている。また合わせて、来年は沖縄が日本に復帰して40年という節目にあたり、復帰40周年事業の中に理美容の大会が加えられることが決まった。私共は、この歴史にも残る事業を、沖縄県の期待に応えて知恵を出し合い、「日米地上戦の悲劇」や「米軍統治として残された基

沖縄県庁を訪ね、仲井眞知事に趣旨を説明
=2011年2月14日、沖縄知事室

地の島」から理美容師が平和を訴え、かつ衛生的な美の追求の大会としたいと思っている。よってテーマは、「平和」そして「衛生的な高度な技術」を挙げた。日本からアジアや世界にこのテーマを発信し、内外に業界をアピールしてみたい。

沖縄へは何度か足を運び、仲井眞弘多知事をはじめ関係団体と打ち合わせを行っているが、やり遂げようとする盛り上がりを日増しに感じている。

今年は辰年、辰は時刻では午前8時ごろ。漢書によると、草木の形が整った状態を表すという。また、「立つ」は事物が上方に運動を起こし、はっきりと姿を現す意とのこと。辰は神話上は「龍」。この度のアジア大会をとおしてその龍にあやかり、社会全体が上昇気流に乗りたいものである。

24．想定外を超える〔２０１２年〕

年の始めの年賀状に「想定外を超える」と書いた。東日本大震災や巨大津波、福島原発の現状を考えると、「おめでとう」と書くのは控えようと思ったのである。また一連の大災害に対して「想定外」が多く使われたが責任のがれの言葉に思えたので「を超える」を加えたのである。

１月26日、東京都内であった新春懇話会での挨拶でもこのことに触れ、語った。会場には東北地方復興パネル展、また併せて理美容アジア大会の紹介などを業界の内外にアピールした。

出席者の伊吹文明自民党生衛議員連盟会長、山口那津男公明党代表など、多くの方より私共の連合会を評価する挨拶が続いた。

想定外を超える年賀状デザイン

アジア大会を行った沖縄県は、日米地上戦で20万人を超える人々が尊い命を失う悲劇があった。長い苦しみを耐え、沖縄県民の持ち前の明るさで、今は観光立県として活気を取り戻している。連合会では全国の女性の協力を得て、その沖縄県へ20万羽を超える平和を願う折り鶴を贈った。大会を単なる技術の競い合いとせず、沖縄・日本復帰40周年記念事業大会として、かぎりない平和を願って、記念句碑の建立や植樹祭も行った。

平和への飽くなき望み桜舞ふ

恒久平和を祈念して記念碑の除幕を行う
=2012年2月18日、那覇市・石川学園

25．大事はただ今、今この席にあり〔２０１２年〕

理想ばかりを追わず、現実を認め、しっかり今を生きる。二宮尊徳は「この秋は雨か嵐か知らねども今日の勤めに田草取るなり」と詠んでいる。人生は悩み続けるか、それとも受け入れるかであり、受け入れることを覚えたときは、自己の愚かさをも認め、天と地に身を任せて、その時折々の務めをしっかりと果たすことである。そのためには、自己管理能力を磨くと共に、無駄な雑念を削ぎ落としていくことを覚えなければいけない。

私はこの五月、全国理容連合会の改選で3期目の務め（理事長）を頂戴した。役職の席に着くことは、新しい始まりであり、責任の重さも課せられている。「長（リーダー）という肩書きが付くと、人が難しくなる」と言った人がいる。町内会長であれ、国の首相であれ、代表になると責任が課せられる。時によれば嫌われることもある。行動はもとより発言にも気を配らなければならず、結論的な回答などはなかなか出せず、その席についたときから「難しい人」と言われるのも、当然と言えば当然かも知れない。また、それだけ孤独にもなる。

そんな中、それまでの能力を活かし、自らの持つモチベーションを高めていくことにより、生き方に新しい目標が見えてくるのもまた事実である。つまり新しい役職に就くことは、次のスタートの動機付けとなる。日々努力を重ねて、次の峠への挑戦は続けなければいけない。また、その挑戦は失敗を生むこともある。しかし、長い人生には成功ばかりの道ではない。むしろ恵まれないときこそ、強い心が育つのであって、かえって敗れることこそ成功への秘訣を得ることが多く、私は失敗をすることにより、成功へ一歩ずつ近づいていったように思う。そしてその失敗の後の成功の峠が、また次の新しい風景を見せ、その目標の入れ替わりの繰り返しで今日となった。

「大事はただ今、今この席にあり」己の務めに誇りを持ち、日々の責任に生きようと思っている。

念願の叶ひぬ日々に緑濃し

26. 隠岐国、海士町〔2012年〕

8月末、日本海に浮かぶ隠岐の島を訪ねた。「ないものはない」〈大事なことはすべてここにある〉とのテーマを掲げ、町の活性化で知られる町長の講演を聞いた。島根半島沖、約60キロに4つの有人島を持つ隠岐の島。冬は季節風が吹き荒れ、古きは後島羽上皇や後醍醐天皇のご配流《はいる》など遠流の島としても知られる。

この隠岐の地は、超過疎化、超少子高齢化、財政悪化で島が消えるとまで言われた。しかも「平成の大合併」や政府の進めた「三位一体改革」にも負けず、島独自の「自立促進プラン」を策定して地域再生への挑戦を続けたのである。職員の減数や給与カットは勿論のこと、島の担い手である高校生の育成（島留学）、人口を

隠岐国には、懐かしい日本の暮らしが存在する

増やす移住者対策。（7年間に移住者数320名）特産品の創出。（ブランドの岩ガキは東京築地市場で大ヒット。他にもサザエカレー）等々、全国ニュースでも知られている。

講演の中、どの取組みを聞いても、私は全国理容連合会との共通点が多いように感じた。組合員の減少や後継者育成、営業メニューの創出等々。しかも連合会は組合費は上げず、収入と支出のバランスを見ながら、PR活動にも力を入れている。また何より有難いのは役職員ともに「何とかしよう」という意識も随分高まっている。連合会は24年より「全身エステのメニュー化」や、NPO法人の立ち上げによる「訪問福祉理美容の確立」さらには「次世代の担い手の育成」などに全力を注いでいる。しかも今後の財政難を予測して、より効果的な運営をするための、事業評価の明確化も目指している。

隠岐では自らを隠岐の国と言って自然に輝き、牛馬が放牧され、米づくりや豊富な漁獲で「自立、挑戦、交流」をスローガンに島の経営会議を開くという。私は8月27日、この隠岐国海士町の観光大使に委託された。学ぶものはすべて、今後の私の活動に活かしていきたい。

27. 国際化の中の試練〔2013年〕

去年のロンドンオリンピックで、日本の柔道男子は金メダルなしに終わった。また今や柔道人口はフランスの方が多いとか。「お家芸」はいつしかうすらぐとの証である。

昨年10月、イタリア・ミラノでの世界理美容大会、日本は金メダルゼロに終わった。(シニア部門の総合は銀、ジュニア・テクニカル部門は銅) 日本の理容は国家試験に裏付けされた衛生的で高度な技術であり、アジアや世界に広げようと私は言い続けている。しかし、その世界に広く伝えよう、教えようという思いの浸透の結果が強いライバルを育てることにもなっている。つまり「お家芸」のうすらぎは、国際化が進む中での試練とも言える。ミラノでの総会で、世界の会長は「ライバルを育ててきたことは立派な金メダル」と語り、私は名誉ある殿堂章を受けた。

世界理容美容機構より。筆者は名誉の殿堂章を受章=2012年10月6日、イタリア・ホテルメリアミラノ

同じようなことが、日本の産業界にも言える。日本よりアジアへ出かけて技術の指導を行っているうちに、いつの間にか日本の技術力、経済力は教えた国に抜かれ、合わせてその国の安価な人件費によって、価格競争にも負け、経済戦争に勝てない結果となっていった。

私たちに今求められているのは、相手国の成長に拍手をおくり、次の新たな進歩へのステップにしていくことである。角界（相撲社会）には先輩力士に勝つことを「恩返し」と言うらしい。そう考えると、日本は今、各国より恩返しをされているところである。2年後の世界大会はドイツ・フランクフルトで行われる。日本はその大会に向けて、国際化の中の試練をどのように乗り超えていくかである。

あのオリンピック、日本は柔道に代わり、レスリング女子で青森県の小原日登美選手が痛々しくも右目尻をはらして金メダルを獲得した。「引退との壁や、うつ病をも乗り越えて」という新聞記事を見たが、苦難を乗り越える先にこそ、人の心を打つメッセージと輝く金メダルがあるように思う。

全国へ発信「代々木の窓から」⑥―①（2013年）

衆議院選、将来への責任

昨年末に行われた第46回衆議院選挙は、自民、公明が合わせて325議席を獲得。その勝利の理由は期待や信頼ではなく、前政権へのNOという結果で消極的選択の結果と報じられた。

さらに付け加えると昨今の選挙は、政策で選ぶのは限られた人で、風頼みの選挙結果が強く、その「風」はマスコミ報道に動かされる風である。よってその結果は一方的勝利になる場合が多く、オセロゲームのようだと表現する人もいる。そして「投票に行きましょう」といくら呼びかけても、その日の投票率は59パーセント台で、前回の率を10ポイント程度下回り、戦後最低であった。

また、即日開票に関しても開票を見守るのではなく、世論調査や出口調査による当選予測で瞬時に分かり、投票終了時間の午後8時になると当選確実が多数出る始末である。それがまたほとんどそのとおりの結果となるから、ハラハラもドキドキもしない味気無いものになってしまう。

さらにまた理解しにくいのが、小選挙区で落選しても比例で復活当選するということである。国会議員を選ぶにしては、敗者復活のようで恥ずかしいかぎりである。

そしてまた、その選挙戦が終わると、政権交代は「よかった」のか「よくなかった」のか？　また新内閣は「論功行賞」「派閥均衡」「指導力に不安」等々とマスコミが次から次へと言いたい放題、書きたい放題で報道する。誕生したばかりの政権を見守り、国民が将来性を感じる、頑張ろうという気になる記事がもう少しあっても良いのではと思う。昨今のマスコミ報道のあり方ではだれが総理になっても、またどの政党が政権を担っても長くは続かず、結果は日本国が迷走するばかりとなる。また一億総国民も評論ばかりせず、次世代に向けての責任ある自由主義国家の構築に努める将来への責任をより多くの人々が認識するべきではないだろうか。

全国へ発信「代々木の窓から」⑥―②（2013年）

努力に勝るものなし

万物すべて生を得るときは平等でも公平でもない。人は誕生時から男と女、富裕と貧乏、また地域や親を選ぶことは誰もできない。

しかし、身のまわりでは公平・公正の言葉はよく使われる。ただそれは目指すという約束にほかならないのかも知れない。「建前と本音」、「総論と各論」等々、世の中を生きてゆくには、この部分の難しさは常に存在する。

と考えると人生、差があるからこそ負けまいと頑張る努力が生じ、その競争力こそが世の進歩、発展につながるとも言える。つまり明日への生きる活力ともなっているのである。

「天は喜びと悲しみを人々に平等に与えている」、「辛抱する木に花が咲く」と人を勇気づけられることがあるが、与えられた境遇の中での毎日のチャレンジや日々の努力にこそ幸せは生じると信じている。

生ある限り、何でも興味をもって、やってみなけりゃ損々。挑戦の中に極めるものが見つかれば、成功の早道とも考える。そのための日頃の徳への積み重ねや体力の養い、才能、教養を身に付ける努力がいる。さらには、日々の努力の効果測定（自問自答）や、その反省に対する研鑽の繰り返しが肝要である。

人生の出発点は不公平であっても、ゴールラインの「勝ち組・負け組」は自己責任であって、また、その評価は個々がするものであり、その結果は公平・公正に出てくるものと信じるしかない。

28．自由な道徳〔2013年〕

米国では、合衆国憲法による自衛手段の銃所有の自由が問題になっている。児童を含む26人もの尊い命を奪った銃の乱射に、オバマ政権は銃規制強化を打ち出した。ところが驚いたことには、逆に銃は売れ、「銃感謝デー」の行進がニュースに流れる始末。また、教師までもが自衛手段に銃のあつかいを訓練していて、銃規制強化賛否両論が高まっているのである。カウボーイ文化といえばそれまでであるが、平和な日本に生まれて良かったとつくづく思う。

共に暮らしていくには、己に厳しさを利する自由でありたいもの。ともすると自分に甘い自由になりがちだが、それは他人に負担になっているケースが多く、その自由は永続きしない。自らは天に束縛されながら己に厳しくなければいけない。

日本には礼儀、躾、恥文化といった世界に誇るべきマナーが受け継がれてきた。現在はそればかりでは窮屈で暮らしにくいが、和魂洋才で、日本固有の精神と西洋の才知を合わせた真の自由な道徳を広げたいと思う。そのことが、家族や社会のあり方、個々の務めにまでつながると考えている。

29. 文章も会話も使い方〔2013年〕

対話には顔がある。電話には声がある。文章には想像力が生じる。私は地元新聞の読者の広場の欄へ投稿をして楽しんでいる。他の人の投稿文にもよく目を通すが、十人十色皆考え方は異なる。先日、私の投稿に対して一通の便りが届いた。

「大森さんこんにちは…新聞読みました。私は今はカカア天下で、恋で胸を燃やしたのは昔のこと。主人もここで笑っています。貴男の方が気が合うかもネ。お元気で…オクサマによろしく」とのラブレターを思わすような「ステキないい文」に心和むかと思えば「先生、先生」と幾度も繰り返す気の重くなるような内容文もある。

「先生と呼ばれるほどのバカでもなく」とはどこかで聞いた言葉であるが、そう言えば理美容の講習会などでも「先生」と呼び合うことは多くある。辞典で調べてみると、先生とは「学芸にすぐれた人」尊敬語、とある反面、「他人をすこし軽べつ（あなどって）して言うことば」ともある。この二つの意味は全く異なるだけに気を付けなければいけない。呼ばれる者も「尊敬される人となり」でなければならず、呼ぶ方も配慮をして「先生」は発しなければいけない。

60歳も半ばとなればつい理屈っぽくなるが、文章も会話も言葉の使い方で、大問題になったり、逆に難問題を解決するケースも多くある。

近年はIT化が進み、手紙や文章の手書きも減って筆無精がちになっている。手紙であれ会話であれ、私たちは人の心を動かすようなつき合いを大切にしたいものである。改めて「大森さんこんにちは、……オクサマにヨロシク」のユーモアとロマンを与えてくれた一枚の葉書にバンザーイ。

言ひ勝ちてしまいし床屋秋の風

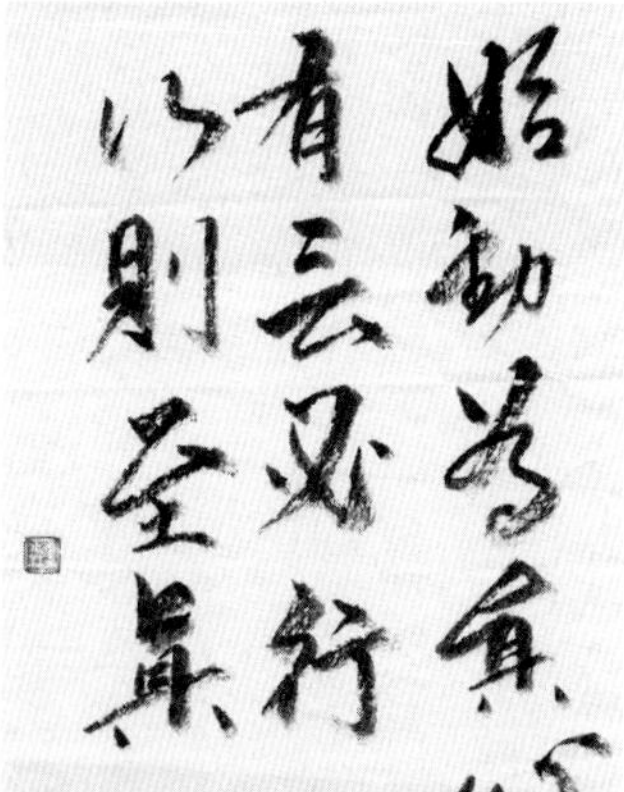

「人を動かすのは真心である」はBOSS大森の座右の銘

30．リーダーの裁量〔2013年〕

２００９年、米国のオバマ大統領は就任時、「イエス・ウィ・キャン」と呼びかけ、未来性を感じさせた。その一方、昨今のシリア内戦ではアサド政権が化学兵器を使ったことで、米国の軍事介入記事が日増しに多くなっている。しかし、大量破壊兵器については、イラク戦争の例もある。多くの犠牲者を出す軍事介入は「平和」が売りもののオバマ大統領は慎重にならざるを得ないはずで、冷静さに期待したい。

先日、私は鹿児島県の知覧町に行った。そこは太平洋戦争末期に史上類のない敵艦に体当りした陸軍特別攻撃隊の基地があったところ。今は平和会館が建設され、当時の隊員の遺影や遺品等貴重な資料が展示されている。特に家族にあてた遺筆は涙なくしては読めず、胸が苦しくなる。若い命の散華を思うと、その時代のリーダーの裁量や、責任の重さを感じずにはいられない。

一時的な正論を位置づけ、ヒステリックな判断は多くの犠牲者を出すこととなる。

31．著書『旅ごころ―芭蕉になりたい』〔２０１４年〕

昨年の10月10日、全国81店（11店のフランチャイズ店含む）で営業展開する明屋書店で先行発売した私の著書『旅ごころ―芭蕉になりたい』は、ベストセラーランキングで２週連続トップとなった（３週目の10月23～29日間では２位）。思いがけないことで、私は唯々嬉しいばかりというのが本音であった。

その発売を前にして10月7日、地元松山市の市長を訪ね、読書週間を前にして、市内各地にある図書室に著書50冊と、図書事業に役立つようにと10万円を添えて寄贈した。そのことがテレビで放映されたり、ラジオに出演した効果によるベストセラーかとも思っていたが、驚嘆の喜びはそうではなく、理容関係者や生活衛生業者の全国の仲間の購読が、トップに押し上げてくれたと日増しに分かってきた。

どこよりも早い！！（明屋グループ調べ）　10/16～10/22
Book Ranking　文芸書

順位		タイトル	著者名	出版社名
1	→	旅ごころ	大森敬夫	三交社
2	→	ロスジェネの逆襲	池井戸潤	ダイヤモンド社
3	→	人間にとって成熟とは何か	曽野綾子	幻冬舎
4	初	税金官僚から逃がせ隠せ個人資産	副島隆彦	幻冬舎
5	↑	里山資本主義	藻谷浩介	KADOKAWA
6	↓	祈りの幕が下りる時	東野圭吾	講談社
7	↑	去年の冬、きみと別れ	中村文則	幻冬舎
8	↑	犬から聞いた素敵な話	山口花	東邦出版
9	→	日本はなぜ世界でいちばん人気があるのか	竹田恒泰	PHP研究所
10	↑	海賊とよばれた男　上・下	百田尚樹	講談社

明屋書店ベストセラー一位
=2013年11月14日

一方、著書の「序文」をいただいた相原左義長愛媛県現代俳句協会名誉会長よりは「私の望むところは芭蕉を超えて欲しい」との葉書も届いた。その文面には、その時代背景の違いや「世界を眺める眼」の大切さも指摘されていた。

さらには、Ａｍａｚｏｎのカスタマーレビューには「世界の芭蕉になって下さい」とのコメントも頂戴した。

「閑さや岩にしみ入る蝉の声」「荒海や佐渡によこたふ天の河」など松尾芭蕉の5、7、5には無窮を迫った深さや大きさを私は強く感じている。つまり、そのような俳句ができないことは、百も承知二百も合点であるが、慕う気持ちと、さらには現代社会と一六〇〇年代の環境は全く異なり、21世紀の世界をめぐる俳句を考えての『旅ごころ─芭蕉になりたい』で、あくまでも願望で、そして誇張（デフォルメ）して、注目を狙ってのことであることは言うまでもない。

風の日も濃きうら年の木守柿

ドイツ・ローテンブルク城壁に出版記念盤を刻む

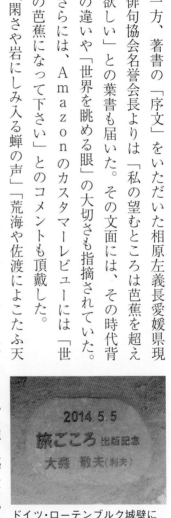

全国へ発信「代々木の窓から」⑦（2014年）

しっかりとした考え方に共鳴

昨年12月、連合会職員採用試験において、最終面接で（12人に対して）平成26年の望みを漢字一文字で表すよう問いを出してみた。十人十色で「前・上・挑・安・進・飛・喜・拓・礎・新・個・成」とそれぞれ異なった内容だった。

平安時代から始まったと言われる書き初め、私は毎年その年の始めに、それなりの願いを込めて書くことにしている。そして今年、平成26年、私はこの一年に対して漢字一文字「祭」と書した。

採用試験第二問は、原発再稼働の是非について問いかけてみた。

1、次世代のための目標を立て、原発に頼らない対策を。

2、廃炉を目指すべきだが、代替エネルギーが課題である。
3、危険なものを安全に使うのが人間の知恵。
4、電力使用、節電など、個々の意識をもっと高めるべきだ。
等々、条件付き廃炉や人類が超えるべき難問題をしっかり答えた。
第三問は領土問題について、
1、それぞれの国の主張があり、柔軟な対応を。
2、領土問題の意識は日本人に低い。
3、日本の考えを国内外に示すチャンスだ。
4、国際法に沿う平和的解決を。
との答えであった。柔軟な若者の考え方に共鳴、明日を担う若者に改めて力強い将来性を感じる一日となった。

32. 桂島の教訓〔2014年〕

東北を震源とするマグニチュード（M）9・0、最大震度7の大地震、東日本大震災から3年。

2月16日、私はあの地震以来4度目になる宮城県へ、女性部依頼の講演で松島海岸を訪れた。そこで耳にしたことであるが、あの大地震の激しい揺れに続いて起きた大津波による壊滅的被害の中、仙台湾にある桂島では900人全員が助かったという事実である。その理由は津波警報を島民一人ひとりが素直に守り島一番の高台、学校へ避難したことに尽きるようだ。警報サイレンが響いても「俺は逃げない」とか、「オーバーなこと」と、なかなか一斉には聞き入れないのがこの世の中である。しかし牡蠣や和布《わかめ》漁で生計を立て、現金取引でたんす預金が多い（金融機関は郵便局一つ）と言われるこの「桂島」の人々は「自分の命は自らが守る」という自助の精神を素直に守ったのである。（改めて素直の大切さを知らされる）

災害は忘れた頃にやってくると言われるが、政府は東北の沿岸に一兆円をかけて、万里の長城のような防波堤を建設する計画があるという。釜石港の防波堤が津波を6分程度遅らせたと言うが、釜石市の被害も甚大で、天災に立ち向かった対策には疑問を感じる。長い年月による海の中の防波堤は破損も大きく、むしろ海面が見えないギャップの方が心配との声もある。津波に対しては遠くへ逃げるのではなく、高い箇所へ避難するというのが、あの桂島の一斉避難でわかったことである。つまり、地盤のしっかりした所へ、防災センターや警察署、市町村役所など公共施設を避難場所をかねて10メートル20メートルを超える高層にして順次計画的に建設する方が、日常生活にも活かされ、勝るとも劣らないものになるのではないだろうか。平素はその高い建設箇所へ「垂直避難」の訓練を行い、それを素直に守るという、桂島を教訓とすることが今、求められていることだと思う。

33. 阿呆ぶり〔2014年〕

この4月、東京・銀座の歌舞伎座で、楽しみにしていた大歌舞伎を観ることができた。演目は「一條大蔵譚（ものがたり）」。平治の乱で平清盛に敗れた源頼朝の側室・常盤御前が我が子を守るため源氏の敵である平清盛に身を任せつつ、後には公家一條大蔵卿長成の妻となってのストーリー。見どころはその大蔵卿長成の有名な阿呆ぶりであった。「平家にあらずんば人にあらず」と言われた時代。大蔵卿は源氏贔屓《びいき》にあって、源平の争いに巻き込まれまいと世をあざむくための隠し阿呆（つくり阿呆）を装う。見せ場は平家追討の旗揚げのときは、源氏の重宝「友切丸」を牛若丸に渡すよう託す場面の本性と、つくり阿呆の表現がクライマックスであった。

大歌舞伎の案内パンフレット

阿呆といえば、「踊る阿呆に見る阿呆、同じ阿呆なら踊らにゃ損々」の阿波踊りの囃子や、松竹新喜劇のお笑い藤山寛美の阿呆ぶりが思い出される。愚か者を演ずるのは簡単ではないことは承知しているが、弱く欠点だらけの人間を演ずる場面は、笑いと共にほっとした気の安らぎを感じるのは不思議なものである。緊張のみの構えての日々ばかりでは、私も疲れる。65歳を過ぎると、心も体も疲れのメッセージを発信してきているのは自覚しているが、つくり阿呆まではできない。むしろ人生、気が付けば阿呆ばかりやっているような気もする。また、その方が福徳円満の秘訣かもしれない。

あの一條大蔵卿役を演じたのは鬼平犯科帳・鬼平役の中村吉右衛門であった。「まってました」と一声掛け声でもかけてみようかと思うが、その「間」を感じ取るのが難しい。いや何より日本の誇る伝統の歌舞伎文化を考えれば下手を打ってはいけない。

桜どきつくり阿呆の歌舞伎者

（歌舞伎の始まりは出雲の阿国だったという。今は男ばかりの野郎歌舞伎で舞台上は女人禁制だが、安土桃山時代、女性芸能者は出雲大社の巫女《みこ》との説もあり、江戸時代初め、京都鴨川には7軒の芝居小屋があったと言われている）

34. キッズ集客にむけて〔2014年〕

子育て支援や、キッズ（子供）集客を目的とした一連のキッズ対応事業をスタートして半年が過ぎた。テレビ30分番組『チョキチョキクイズ・キッズが行く』の制作や全国放映、さらには2014クールビズヘア「キッズ部門」の募集とその発表、はたまたキッズ集客での「サロンの繁栄」事例に関する講演会などを行ってきた。

そして、いよいよ2014年の主要計画案である「キッズランド」のオープンである。内容は、衛生的な業の模擬体験や仕事の楽しさをアピールするもので、幼児のぬり絵コーナーや小学生のマネキンを使ってのシェービング体験（写真）、中学生・高校生対象のヘアカット体験などの内容である。

さらに今後は、今回の企画に併せて制作した着ぐるみ

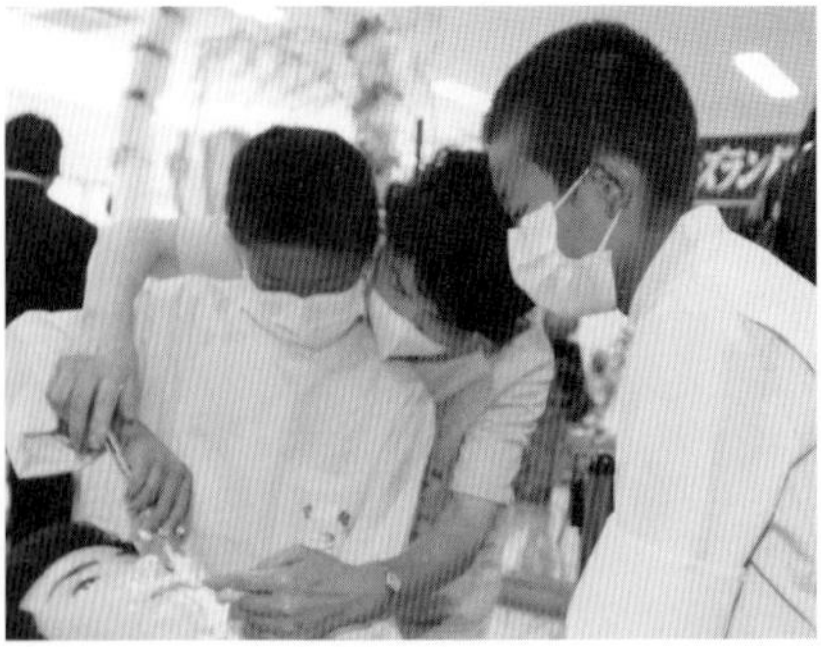

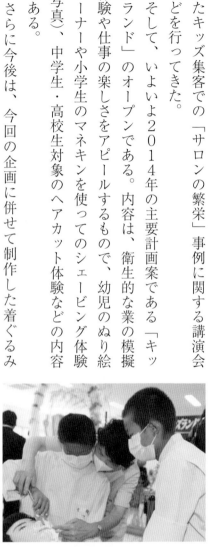

「バーバーくん」を、今ブームとなっている「ゆるキャラグランプリ」に挑戦して、業界振興を目指そうと秘かに狙っている。そして、その後は事業の効果測定を行いつつ、全国津々浦々にある理容サロンの売り上げアップをめざしたいと考えているのである。昨今は大型低料金店の出現や、男性客の美容店志向、さらには自由という傾向が成す清潔志向の薄らぎなどによる来店客の減少傾向にあり、その対応は急務であり、キッズの集客は業界の創生をかけての大作戦といってもよい。

例えば、1サロン1日一人（千円）の増客であっても、月20日の営業日で計算すれば、全国6万サロンの1年間の売り上げアップは144億円（千円×6万サロン×20日×12カ月）となる。子供集客の活動は、後継者づくりにもつながり、現状打破の反転突破には何よりの作戦と考えている。

全国8会場にオープンしたキッズランド

35. ゆるキャラグランプリ1位〔2015年〕

「一番でなければいけないの？ 二番では何故いけないのですか」平成21年から22年にかけて国の行った事業仕分け「スーパーコンピュータ」の要否の議論で問いかけられた言葉だった。

「ゆるキャラグランプリ2014」企業部門で全国理容連合会のキャラクター「バーバーくん」がその一番に輝いた。バーバーくんは今から12年前、業のPRキャラクターとして誕生。「それゆけ！ バーバーくん」の歌や、バーバーくんの仲間たちも数多く生まれた。その後、平成20年、代々木の全理連ビ

ゆるキャラブームの中、企業部門で1位に輝いたバーバーくん=2014年11月3日、愛知県・セントレア空港

ル前に「理容師法制定60年」を記念し、元気モニュメントとして像も建立された。

そして、この度、業界へのキッズ集客や後継者づくりを目的にしたキッズ施策キャラクターとして着ぐるみが登場。昨年の7月1日から、ゆるキャラグランプリにエントリー。9月2日から10月20日までのインターネット投票で243、466ポイントを得て快走。11月1日から3日の愛知県・セントレア空港での「リアル決選投票」で3、780ポイントでだんトツのトップを取り、その結果、247、246ポイントで堂々の一番、グランプリに輝いたのである。インターネット投票では、3度も4度も危機を感じたが、二番ではいけない。一番でなければいけないと全国の理容師や、関連商社、また関係団体へも協力を求め、知恵を絞っての人海戦術で乗り越えた。

世の中のニュースを独占するほどの、ゆるキャラグランプリブーム、一番以外はビリと同じだ、との思いになっていったが、これが業界興しの好循環になればと願っている。

全国へ発信「代々木の窓から」⑧（2015年）

理容名誉大使に林家たい平さん

昨年末（12月15日）、日本テレビスタジオで、林家たい平さんと高橋真麻さん出演の「クールな理容師をめざせ」の収録があった。

昨年の9月から11月にかけての「ゆるキャラグランプリ2014」企業部門でグランプリに輝いた全国理容連合会キャラクター「バーバーくん」とたい平さんが、座布団に飛ぶシーン（日本テレビ・笑点大喜利版）で始まったが、すごさはタレントの機転をきかす早さであった。テレビ局のプロデューサーの4、3、2、スタートの合図に、たい平さん、真麻さんはすべて1回のアクションでＯＫ。1時間も巻いて収録を終えた。たった一度の打ち合わせで適切な動きと会話が続くから驚きである。

ストーリーは、たい平さんが東京都内の理美容学校へ「1日体験学習」に入門。国家試験のヘアカットに挑戦した。

「いつも二週間に一度くらい理容のお店に行き、何気なくカットをしてもらっていたけれど、難しかったです。でも楽しかったです」とたい平さん。

たい平さん「クール理容師とかけて、チョッキンナの鋏の先と解く」

真麻さん「そのこころは」

たい平さん「オシャレの最先端で〜す」

収録後、林家たい平さんには、全国理容連合会より、理容と社会の架け橋になって下さいと「名誉大使」の委嘱状を送った。

林家たい平さんは、バーバーくん1位祝賀会にも駆け付けた
=2015年1月29日、ホテルニューオータニ東京

36．男の生涯「寅次郎」（2015年）

2月20日、東京・葛飾柴又の「帝釈天」、そして明治20年創業の「とらや」を訪ねた。毎週土曜日のBS放送で昭和44年よりの、映画「男はつらいよ」を観て、行きたくなったのである。この映画は「私、生まれも育ちも葛飾柴又です―フーテンの寅と発します」と主人公の渥美清演じる車寅次郎が啖呵を切るところから始まる。その寅さんの実家として撮影が行われたのが、柴又の「とらや」で、現在は寅さんの部屋への階段のみが残っている。

映画は妹役のさくら（倍賞千恵子）、そして帝釈天の御前さま（笠智衆）らが東京・下町の人々の人情深さと面白さも含めた、松竹映画の正月版であった。遊び人の寅次郎のファッションは、中折れ帽子にダブルのスーツ、袖には手をとおさず、腹巻きに雪駄ばき。毎回恋心をいだかせるマドンナ役が登場し、栗原小巻、吉永小百合とその時々の美人女優が出演。下町の情緒、人々の心の動きを描き出すストーリーで、失いかけた素朴な日本の良さ、優しさを感じさせる内容。この「男はつらいよ」は48作まで続くが、33作目（昭和59年）の「夜霧にむせぶ寅次郎」でのマドンナ役、風子《ふう》（中原理恵）は理容師。北海道・根室の理容店では全国理容連合会が発表した第一回ニューヘアスタイルの懐かしいポスターも映っている。

一方、寅次郎と言えば、今年のNHK大河ドラマ「花燃ゆ」。山口県萩市が舞台になって、明治維新の原動力となった長州藩士の多くの若者を育てた、のちの吉田松陰も通称「寅次郎」。「フーテンの寅さん」とは異なり、自分の命は何のために使うか、国を守らにゃいかんと立ち上がり、命をかけた歴史の上の人物。時代は江戸末期、欧米列強に対して、アメリカへの密航を企て黒船に乗り込むやら、脱藩のあげくの果てには投獄、さらには30歳で死罪という波瀾万丈の生涯の人。「身はたとひ武蔵の野辺に朽ちぬとも留め置かまし大和魂」吉田寅次郎の辞世の句である。

生き方は全く離れているが、どちらの寅次郎も人々に感動を与えると共に、今の日本人に大切な何かを訴えているものがある。懸命に生きた男の生涯であったことには間違いないだろう。何といっても「男はつらいよ」の主題歌のイントロ（序奏）は何度聞いても私を元気にする。

ゐるような寅さんの店春日和

37. 国民の目線での改革〔2015年〕

「男性のヘアカットのみは美容室ではできない」、これは「奇妙なこと」と朝のテレビや経済新聞の一面で取り上げられた。しかし当の理美容師からは「寝耳に水」と言ったところだった。だがそのマスコミ報道が安倍晋三首相の「美容室でのカットは違法?」と報じたから話は大きくなった。「おもしろきこともなき世をおもしろく住みなすものは心なりけり」の高杉晋作の句が思い出される。

そもそもこの騒ぎの元は、政府の規制改革推進会議に端を発している。1月20日、内閣府の職員より私に「出張理美容に係る規制の見直し、理美容師の同一施設内の混在勤務、自治体条例における洗髪設備規制の撤廃」等々に対する考え方の問い質しがあった。私は、その後内閣府の副大臣に会い、考え方を伝えると共に、関係省庁とも幾度か打ち合わせを行っていたが、「岩盤を崩す」という見出しで、新聞、インターネット、テレビにと、疑問の報道が続いたのである。

その後、この件の震源である規制改革会議より3月23日、ヒアリング出席の依頼文が届いた。論点の想定は、1.「同一店舗における理容所、美容所の重複届出を認め、理容師美容師の混在勤務を認めるべき」2.「理容師及び美容師の資格制度を統一すべき」と記されていた。（私自身は、どちらもごもっともと思っている）

そして、その日の会議、各委員からは「理容師と美容師が一緒に仕事をすると問題があると考えますか？」「理美容の資格をもっているのに同じサロンでなぜ理美容のサービスができないの？」「理美容の一本化はお互いの成長に必要なのでは？」等々と、私が理事長就任以来ずっと言い続けていたことを、ズバリ逆に問われたのである。しかし私は、理美容師法の改正は立場上口に出せず、何とも辛い一日となった。座長の締めくくりは「理事長からは前向きに協力いただけると理解しています」と私の日頃の思いを逆に提言されたのである。このストレスは長く続いた。この理美容の問題とどう向き合うか、これを機にグローバル社会に向けて法整備に即進むかどうかは不透明。まずは検討会で「ああでもない、こうでもない」と、それぞれの立場から、それぞれの面目と、先送りにとの都合の産物「玉虫色」の決着はくり返すものである。しかし、この論争、戦後のあいまいさを、国民の目線に合わせて理美容、業界の将来をも考慮して改革するべきと思うが、どうだろうか。

38.「さあ、変わろう」〔2015年〕

組織やグループには、とりまとめ役のリーダーがいて、そのトップリーダーによって、その集団の将来は左右される。

全国理容連合会のお世話役をいただいて10年目を迎えた。理事長としての私の務めは、果たして皆さま方にどう映っているだろうか。就任当時「理事長としての我身は、フェンスのない屋上で1人突風に向かって立っているようなものだ」と語ったことがある。それまでの副理事長の立場とは違って、すべての問題に責任をもつことは勿論のこと、多くの意見を聞き入れ、総合的に判断しても、成功して当たり前で、失敗は非難の的になりかねない。先例どおりの踏襲事業を良とせず、多くの新規事業を取り入れ、業界を「変えよう」とする私にとっては、いつも心配の大木が横たわっているのである。

イギリスの自然科学者、チャールズ・ダーウィンの「種の起源」の進化論によると「賢い者や強い者が生き延びるでもない。唯一生き残るのは変化できるものである」と提唱している。

どのような業にあっても時代の変化に対応できる柔軟さを持って、変わっていくことは大切である。私は、理美容もコスメトロジー（化粧品学）、ジェロントロジー（老年学）のオシャレ学を新たに立ち上げる時と思っている。次世代へしっかりこの業を繋いでいくには、業の新たなメニュー化など、将来の描ける業界のあり方が求められている。私はリーダーの条件として、⑴競争力、⑵まとめる力、と手帖に記している。さらに望むとしたら、その成就のための政策をしっかり述べ、そして何より、それを実現さすための「チャンスとツキを引っぱり出してくること」を考えている。

人生100年時代が話題になっている。それぞれの人生、それぞれの道「さあ、変わろう」をテーマとしてもう一花咲かせてみたいものである。

夕蜻蛉《とんぼ》螺《ら》髪《はつ》にとまる仁王門

39. 修復除幕式〔2016年〕

2014年11月22日、長野県北部を中心とする最大震度6強を記録した「神城《かみしろ》断層地震」では、善光寺境内にある全国理容連合会認定の理容遺産「藤原采女亮碑」も大きな被害をうけた。（藤原采女亮は理容サロンの業祖）

明治30年、長野在住の理容師がその業祖を尊び、善光寺境内に地上5・34メートルの石碑を建立。現在は長野県内の有志、北信部会が毎年、錦秋の11月に例祭を行い、碑を守り続けている。そしてこの度の地震被害には全国47都道府県からの協力もあり、一年を待たずして修復。11月9日、その修復除幕式が、長野市の善光寺境内で行われた。善光寺をかこむ山々も紅葉、午前11時、理容師や報道機関等約100人が集まった。

除幕の儀粛々　信濃山粧ふ

その後、場所を移しての祝賀の宴があったが、その進め方や信濃流《しなのぶり》で、戦国時代の英雄、真田幸村を思わすような独自な内容で、宴の終わりは「木遣《きや》り唄」であった。（木遣りとは、大木や石を引き出すときの掛け声で生まれた。善光寺木遣りは長野市の無形文化財）

全国へ発信「代々木の窓から」⑨—①（2016年）

「サル・申・猿」の教戒

十二支の9番目の干支は申年で、赤い肌着が縁起がいいとか。猿は厄が去るとかいって、魔除けなどとも言われる。また、長く手を伸ばし水面に映る月を取ろうとする姿の水墨の猿画「猿候堤月《えんこうそくげつ》」は能力以上のことは身を滅ぼすとの教えともいわれ、人生訓を表す例え、生きる指針によく使われている。

東京都内のある料理店で、軒先にぶら下がる赤いぬいぐるみ「身代の申」を見たことがある。日本人に身近な存在の猿。2016年はその申年である。「見ざる、聞かざる、言わざる」の三猿。今は、見て、聞いて、思いをしっかり言わなければいけない時代である。「人の口に戸は立てられぬ」との故事ことわざもあるが、私の口には蓋はできないはず。今年も見て、聞いて、しっかり語るBOSS猿の覚悟で臨むことにしよう。

筆者の自宅には三猿の置き物がある。

全国へ発信「代々木の窓から」⑨―②（2016年）

身なりはやる気を表します

昨年、祝賀の宴の案内を受け、東京都内のホテルに出向いた。蝶ネクタイに黒と白のスーツ姿（ユニフォーム）で、接客日本一のホテルマンとして胸を張っていたが、客としても背筋が伸びる、とてもいい感じのひとときを過ごした。

ユニフォーム姿はスポーツ界では特に大切で、意思の疎通の役割もあるだろうが、見る者にとってどちらのチームかがすぐ分かり、とても嬉しいことである。「人はユニフォームのような人となれ」とはフランスのナポレオン・ボナパルトの言葉。

理美容師も、2、30年前までは美しい清潔なユニフォーム「白衣姿」であった。しかし、昨今は破れたジーパン姿もいる始末である。看護師も医師もその姿をとどめているのに、理美容には何がそうさせているのだろう。衛生消毒、清潔とサービスを売

りにするみなさんは、自由な格好でのオシャレの追求がいいのですか？　清潔なユニフォームの着用は法律で決まっているのです。真剣な職場での身支度はしっかりしてはどうでしょう。名は体を表し、身なりはやる気を表します。そしてその身なり、怠惰《たいだ》、身支度はすぐに変えることができます。

朝一番、店内の清掃したサロンで身だしなみを整え、打ち水をして、お客さまを迎える体制で「いらっしゃいませ」の第一声を発してみることから始めましょう。このおもてなし行動こそが、理美容サロン繁栄への第一歩であります。行動は明日から変えることができます。百の理論より行動すること、私の年の始めの漢字一文字は「動」であります。

40．野心を抱く〔2016年〕

近代俳句を代表する正岡子規は高浜虚子に対して、「野心を抱くこと」を語っていた（以前、私はその逸話をラジオで聞いたことがある）。

昨年7月20日、「床屋発祥の地・記念碑」のある山口県下関市「亀山八幡宮」を訪ねた。そこには日本文学史にその名を残す、林芙美子の文学碑があり、今回もその碑文「花のいのちはみじかくて苦しきことのみ多かりき」を確認してきた。そして、その一週間後、愛媛県内の出張で西条市へ出向いた。その壬生川駅前で見たものは先日、下関で目にした筆跡の字の碑であった。急いでいたが、碑文に目をやると、あの林芙美子が父親に書いた、手紙文が紹介されていた。（芙美子の父、宮田麻太郎は現在の愛媛県東予市で生まれ、晩年この地に住んでいた）

「私は今、小説だの童話など書いて…1月か2月には詩集を出したいと思います。何分貧乏で仕方ありません。きっと偉くなりますから見ていて下さい」と、大いなる野心を感じさせる力強い碑文である。明治、大正、昭和を生き抜いた日本の女性の真の強さをも感じさせる内容でもあった。

話は変わって9月16日、久しぶりに長崎に出張した。会議までには1時間余りあったので、私が以前ご指導を賜ったことのある今は亡き先輩のお店を訪ねた。現在は、そのご長男が従業員を雇用して繁盛していた。また、このご子息は長崎市議会議員でもあり、昔の私に似た生活をおくっていた。このことについてご家族は「市議になることは反対だったんです」と話す。しかし私は「お父さんを超えるかもしれない。今後が楽しみだ」と大いなる野心を抱いていることを称賛した。人生は常に挑戦し続けることが大切で、野心はその人の目的であると思っている。

むしろ現代人は、日本を支えてきた過去の人々と比べてみると、将来への希望、目的をもっている人が少なくなっているのではないだろうか。平和呆けというか、「草食系」とか言って日本男子の言葉もどこへやらで、先行き大変心配である。国際化、情報化は、明治、大正、昭和の時代とは比べられず、今や地球規模の視点で物事が見える。このままの日本国では世界に呑みこまれてしまいそうである。

41．時間の褒美〔２０１６年〕

「松山から羽田へ。そして羽田から連合会のある代々木へ」これは私の通い慣れたコースである。その羽田から代々木へは約1時間かかっていた。それが昨年の春、首都高速中央環状線「山手トンネル」が開通。大体30分で着くようになった。この時間の短縮で、私が仮に1カ月に4回くらい羽田・代々木間を往復したとすると、月に4時間くらいの時間は得したことになる。1年間にすると48時間で、1年３６５日が３６７日になったようなものである。

時間という人生の褒美に対して、半分くらいは体の癒しや、好きな俳句づくりなどに使いたいと欲な希望も出る。日々の生活、大切な時間が与えられたと考えると、半端にしないでしっかりとその効果を上げてみたいと思っている。

歩きや駕籠、人力車の時代と比べると現代は飛行機などの文明の力で、どれだけの時間を得しているかわからない。努力する者にとってはそれだけチャンスは多く与えられていることにもなる。しかし昨今はめまぐるしく生活に追われ、過ぎていく時の速さのみを感じつつ漠然と日々を送っているように思う。もっと時間の大切さについて考えることにしよう。

「何歳まで生きた」も大切だけれど、時間を有効に使ってどのくらい「自分らしく生きた」かを考えてみたい。近頃、他人のことばかりが気になり、愚痴ばかりこぼしがちな私だが、暮らしの中の時間の活用が今頃になって少しわかりかけてきたような気がする。もっと「命ふくらまそう」を書する（写真）。

嘆き節ばかり発せず、時間の褒美をもっと活用して次世代へ伝える「鬼場の境界線を超えた語録集」でも書いてみようか？　ふっとそんな思いが頭をよぎる。

42．ピカソの世界よ〔2016年〕

赤、青、黄などの色を塗り重ね、その構図と鮮やかな目の覚めるような色づかいが画面全体に充満するパブロ・ピカソの絵画。「この絵、子どもが描いたんじゃないの」「ふう～ん、これが巨匠、天才？」そう思う人も多いだろう。次元が違うということ、そうかも知れない。その道の専門家から言わせると「ただただ、圧倒されるばかりだ」と、20世紀最大のスペイン出身の芸術家を讃える。

一方、理美容の世界大会、私が金メダルを取ったのはマスタースタイリストアワード、そして課題は「プログレッシブカット」。プログレッシブと言えば、1960年代後半、イギリスに現れたロックのジャンルの一つ。意味は進歩的、前衛的、実験的である。「ふう～ん、あんな髪して街ん中、歩けんやろ」「ピカソの世界よ。50年、100年先を見た、その道のプロがプログレッシブとして評価するヘアスタイルじゃがなあ」そんな会話を何人かの親しいお客さまや友人と交わした。

確かにコンクール（大会）のヘアスタイルは、いくらトレンドヘアと言っても、普通、街中で見るスタイルとはかけ離れている場合が多い。もし、街の通行人のヘアスタイルをそのまま大会でつくろうものならば、全くの審査外となるだろう。審査する者は、限られた時間内で一定の基準をもって、感覚審査を行う。選手として出場する者のつくるヘアスタイルは、まずは、他より一層秀でたスタイルをつくり、人（審査員）の目を引くのが第一である。その次に見せどころをつくり、ドラマを演じるかのように、また、音楽を奏でるように見る者を引き込めれば最高。それを審査員をはじめ観客に評価されるとき、チャンピオンに輝くのである。

ピカソは「鳥の声や花は理解しようとしないでも愛せるのに、なぜ芸術に限って理解したがるのだろう」と言った。私共の大会のヘアスタイルづくりもコンクールともなれば芸術である。全国の競技大会でのヘアスタイルも、世界大会におけるプログレッシブカットも、まさに理解を求めるものではなく、花鳥風月を愛でるような評価がそこに存在すると考えてはどうだろう。

桜季《さくらどき》上着脱ぎすて鋏取る

（２０１６年3月28日。韓国・高陽市の大型施設「ＫＩＮＴＥＸ」。世界の舞台での高まる感情と不安をおさえて、潔くいざ、決戦。スーツを脱ぎすて鋏を握る。時は花舞う桜季）

43．ピンチこそが新たな力を生む〔2017年〕

「ピンチはチャンス！」、いやピンチをチャンスに変える努力が必要といった方がよいのだろうか。いやいや、そんな思考よりも私は「ピンチこそが新たな力を生み出す」と感じている。

昨年3月、韓国での第36回世界理容美容技術選手権大会「マスタースタイリストアワード」（50歳以上が出場）での金メダル獲得も、本《もと》をただせば2009年の愛媛県理容競技大会で出場選手が少ないというピンチの対応から始まったのである。当時、その対策として60歳以上の出場資格を設け、私も含めて役員自らが選手として参加したのである。その事例を四国大会に。そして2014年には全国大会に加えて私も出場。そんな経過を経ての世界大会であった。つまり大会出場選手の減少、というピンチがもたらした私への金メダルだっ

金メダル獲得のヘアスタイル

たのである。

金メダル掛けて帰るやおそ桜

もう一例。2015年政府が進める規制改革。「理美容のあり方」が会議で取り上げられた。どの業界にとっても規制改革といえば誰もが危機感（ピンチ）を抱く。しかしその問題のテーマは理容と美容の違い、それに対する社会との目線の隔たりを解消する内容であった。つまり、理容は「男子仕上げパーマはよいが、他のパーマはダメ」また美容は「男性のカットのみはダメ」という、1978年当時の理美容間の業権争いの一時的合意が残っていて、時代の流れに合わないとの指摘があり、結論は、「理容でのパーマネントも自由（写真）。美容での男性カットのみもOK」と40年間くすぶっていた問題が規制改革というピンチでスッキリとしたのである。

「仕事はできる者に与えられる」とも言われるが、ピンチを恐れず、その業のBOSSとして間違いなきよう、その舵取りをしっかり果たしていけば、そこには必ずやチャンスが生じると強く信じているのである。

全国へ発信「代々木の窓から」⑩—①（２０１７年）

ますます進む競争社会

「おバカ規制の責任者出てこい」とか「岩盤を崩す」とか、マスコミを賑わした理美容のかき根問題、それから1年を越えての審議の結果、一定の方向付けが出た。

私はこの業の役員に就任以来、理美容の違いなど言ったこともなく、むしろ社会（利用者）の目線で考えて対応してきたつもりである。（理美容師免許にすれば解決する問題は多い）今回の方向付けのまとめも将来に向けてであり、完璧なものではない。もっと勇気をもった改革が必要である。

日本が世界に誇れる衛生的で高度な理美容の技術を世界のリード役として発信しつつ、今後、努力しますと、「理美容師の養成のあり方検討会」で、私は心境を述べた。5回の検討会議の結果をまとめると、理美容師のどちらかの免許を持った者が、もう一方の資格を取りやすくするため、重複する履修科目を免除して、半分の期間で取得できるようになったことである。つまり理美容師養成校の理容科に入学した場合、美容の通信教育を同時に学ぶことによって２年後及び２年半後には双方の国家試験が受験でき、また、その際の試験は、もう一方の実技試験は必要であるが、筆記試験は技術理論のみとなるという変更である。（スッキリした内容とは言えないが、相手がいる会議は難しいものである）

現在、理美容両方の免許保持者は全国で約１万人とか。今後は、理美容のダブルライセンス保持者が多く誕生して、お客さまの利便性は高まると共に、努力するサロンが報われる業へと進むことになろう。この内容をふまえて、厚生労働省は省令を改正して、２０１８年４月から導入する予定である。

この改正で全国理容連合会としては新たなレディスパーマヘアのメニュー化など、努力して、勝ち組集団の組織づくりをめざして進むことが重要である。

2017年に発表した
レディスヘア

全国へ発信「代々木の窓から」⑩—②（2017年）

バーバー新時代の流れに乗って

2017年のトレンド予測が「RECRUIT」からでた。それによると、「バーバー新時代」と題して、「顔剃りがしたい」といった理由も関係してか、美容室から理容サロンにお客さんが戻ってくる兆しがあるという。

それには旧来の理容室に加えて、プラスアルファの何か付加したサービス技術が必要で、名称もバーバーと称している。そして、これからはこの「バーバー」が増えそうだとも指摘しているのである。

その理由としては、シェービング（顔剃り）ができるほかにも、半個室で落ち着く、ネイルやフェイシャルもやってくれる、刈り上げやツーブロックなど短髪、ショートヘアも上手、そして何よりトレンドとして孤高な存在、「オトコの社交場」といったバーバーカルチャーへのこだわりが一層注目されそうであると報じている。

さらに業界の立場からもう一言加えると、2017年は「バーバー」の得意とする、まさにベリーショートが今年夏、「クールビズヘア」として大流行する兆しをあげたい。バーバーに通い始めたお客さまの流れに乗って、経営力のアップをめざそう。

44. 世界、日本、業界、私〔2017年〕

新年早々、私は浅はかな雑学であるが、昨今の国際情勢に対して、悲しみ、いや憤り、また不安を強く感じている。

このままでは真の民主主義社会は崩壊しかねないとまで思っている。特にアメリカ、イギリスの自国の利益のみの語りには、真のリーダー力は感じられない。言いたい放題の米国大統領の反グローバリズムや英国のEUからの離脱などは、大きな不安材料である。この状態では世界貿易の均衡は保たれず、これまでの秩序は崩れるだろう。その反面、共産国といわれてきた中国や、ロシアの成長力と統率力で世界を引っぱる中心になれるだろうか。不透明な世界情勢の中、とても心配である。

日本政府（安倍内閣）には、そのことも視野に入れた、それを乗り超える国のあり方の舵取り役が期待される。「オリンピックまで経済は、まあ大丈夫だろう」などという悠長《ゆうちょう》なことは言っておれないのが2017年の年明けの感である。

さて、私の業界であるが、年齢を重ねた団塊の世代の我々は、経験を活かした常に新しいチャレンジを忘れてはいけない。私は昨年末、世界理美容大会での結果をふまえて『金メダルへの道・生涯現役』の著書を出版した。そして今年はインバウンド（訪日外国人）対応事業や、「理容師法制定70年の記念事業」、そして私的には神仏の「古神道祝祓詞」や「般若心経」といった、その道の入り口くらいは知る努力をしてみようと思っている。

今年の干支は丁酉《ひのととり》。動物では鶏であるが、天照大神を迎えた日の出を告げる明告鳥《あけのつげどり》とも呼ばれているとか。新たな出発にふさわしく、縁起を担ぐに適した年である。鬼は北から、人馬は西から、花は南から、香りは東から、風と水の奏でるリズムに乗って、もうひと踏ん張り世のため人のため気力を高めよう。我が家の好文木《こうぶんぼく》（梅）の蕾もだいぶん膨らんできている。

45．頂点としての責任〔2017年〕

報道は国民の知る権利に応えるものであり、その自由は「表現の自由」に含まれていて憲法によって保障されている。

人の弱点につけいる「ごろつき」という言葉がある。私が子供のころ「新聞ごろ」とか「ペンの暴力」という制裁行為の言葉を耳にしたことがある。また、英国の作家ブルワー・リットンは「ペンは剣より強し」の名言を残している。読ませりゃいいというのではいけない。東京都の築地市場移転関連報道は、争点が狂ってしまって「わいわいがやがや」騒ぐばかりになってしまった。証人とか喚問とかの言葉もイヤであるが、「記憶にない」、「部下に一任」とか、「100万円渡す」とか、何か怪しいような大見出しには、何が問題点なのかが適切ではないと感じる。法的な金銭の授受や不正があるのならともかく、次の選挙への利用なのか、議会の議論もおかしい。

石原慎太郎元東京都知事といえば、政治家であるとともに、太陽族の芥川賞作家、そして何より「慎太郎カット」で知られ、その後も長く破竹の勢いであった。しかし、そのヒーローも84歳。「寄る年波には勝てず」との感が見え隠れしていて、3月20日の豊洲市場をめぐる東京都百条委員会のあの舞台に、あの程度の問い正しであれば必要なかったのではないだろうか。「土壌汚染」問題は、今さら始まったことではなく、元々東京湾は、夢の島といって実はゴミの埋め立て島であったはず。今は建物が建ち、公園にもなっている。排気ガス、汚水排水は半端ではないのが大都市であって、むしろ都全体の環境問題を論ずるべきだろう。東京都の調査専門家会議は「地上と地下に分けて判断している。地上の観測値に変化はなく、科学的には安全」としているのである。何が問題で議論しているのか、関係者はしっかりして欲しい。

あの日、石原元都知事は「ピラミッドの頂点としての責任は感じる」と述べた。トップの責任を全国理容連合会に照らし合わせてみた。理事長の決裁検印は、多いとき一度に50件を越えるときがある。現実にそれを全部覚えておくことはできない。そこで理事長として、特にその責任の事案については、特別捺印簿を用意して、事務局と私が共有できる対処方法をとろうと話し合った。次世代につなぐしっかりとした国づくり、そして業界づくりに向けて努力を重ねる覚悟がいる。「左手に辞書を、右手に判子を」と教えられたことがある。

46．理容界の変遷〔2017年〕

今年12月24日、理容師法が制定されて70年になるが、この理容の歩みをひも解くと、この業は人類の始まりと共にあり、その時代の人々の生活感やオシャレ感を知ることができる。

紀元前のお釈迦さまの十大弟子には優婆離《ウバリ》という理髪師がいたことや「壱銭職由緒書」による髪結処の業祖は藤原采女亮であることは前項で記した。

また、徳川四代将軍・家綱の時代には江戸の町ごとに髪結床がおかれ、その権利はかなりの金高で売買されたとある。また一面では町奉行所、町年寄りなどの公用を勤め、十手、捕縄役も務めたという。

そして明治維新、文明開化を迎えた横浜では、小倉虎吉、原徳之助、松本定吉、竹原吾郎吉らが海外船に出入りして西洋理髪を習ったという。それが東京・大阪へと広がり、明治34年には衛生に関する諸法と共に理髪営業取締規則が東京で施行され、全国に及んだのである。

また理髪学校は明治43年に。理髪師試験制度は大阪府が大正8年に、東京では昭和5年に実施された。

昭和時代は20年まで戦争という多事多難な営業不可能な状態が続いたが、終戦とともに1946年には全国理容連盟が出来上がり、1947年12月に理髪師、美容師を対象とする法律「理容師法」が制定されたのである。

その後は1951年に理容師法が「理容師美容師法」に名称改正された。また1957年には、国民生活に密着した理美容やクリーニング、旅館、飲食業など18業種の衛生を守る環境衛生法（以下環衛法）の成立により、全国理容連盟も全国理容環境衛生同業組合連合会となったのである。

さらにこの環衛法は2000年に福祉に関する事業化への取り組みや、行政への助成や援助の要求が可能になる生活衛生法と名称も変わった。一方理美容間では1974年以来のコールドパーマやカット紛争問題が残っていたが、2015年7月17日付の厚生労働省局長通知により、パーマネントウェーブもカット共に理美容サロンで顧客ニーズに応じて自由にできるようになったのである。

47. 赤・白・青のサインポール〔2018年〕

昨年9月、世界理容美容技術選手権大会で再びパリに向かった。折角の海外出張で、片道11時間もかけて行くだけに、より成果を上げる内容をと考え、浮かんだのが不思議にも、世界共通であるバーバーポール（日本ではサインポール、あめん棒、古くは有平棒ともいう）についての調査であった。調査内容はバーバーポールの歴史やそれぞれの国の謂れ、意味についてで、対象はEU（欧州連合）を中心とした。

その結果によると起源は18世紀半ばまで行われていた理容外科医の放血治療（瀉血《しゃけつ》）が関係しているようである。この瀉血は古代より行われていて重要な処置（習慣）と位置づけられていた。（食べて消化したものは血液となり、過剰になると病気が起こりやすいと考えられていたのである）中世においてこの瀉血は修道士が行って

理容外科医の放血治療（瀉血）ポスター

いたが、外科手術禁止令が出てから、理容外科医が業として始めたのである。理容師は瀉血の血液を窓辺で大きなボウルに入れて宣伝。血の付いた包帯を風に吹かし乾かして施術の成功を示したのである。しかしその後、窓辺に置いた血液が固まったり腐るなどして禁止され、ポールに赤白のスパイラル柄をペイントで描き、宣伝をしたという。

赤白青の現在のポール色だが、赤は血液（もしくは動脈）、白は包帯、では青はというと、放血治療の静脈、また1540年イングランド王のヘンリー8世が理容師と外科医組合を統合、その時の理容は青と白（外科医は赤と白）のストライプポールを掲げたことも理由と考えられる。さらには、ナポレオンが戦いのあい間、フランス国旗（赤白青）をバーバーの店先にかけたのがバーバーポール三色との説まである。それぞれ独自の考えやヒストリーをもったバーバーポールは長い歴史を物語る、人々の生活に密着して引き継がれた、偉大なる象徴の証であるといえよう。

全国へ発信「代々木の窓から」⑪―①（2018年）

知ってもらう、来てもらう、楽しんでもらう

「時は人を待たず」。月日の流れは早く、今年も明けて二カ月が過ぎようとしている。全国理容連合会では、理容師法制定70年の節目をむかえ、連合会旗の作成をはじめ、連合会応援歌の作詞・作曲、記念史の発行、記念式典など行った。

そしてこれからは、2020年に予定されているオリンピック、パラリンピックに併せてのインバウンド（訪日外国人）対策や、規制緩和の流れに乗ってのジェンダーレス対応、女性集客の施策などを進めたい。訪日外国人集客については、「知ってもらう、来てもらう、楽しんでもらう」ための、日本の理容をアピールするべき、おもてなしをはじめ、外国人対応の技術、さらにはキャッシュレス決済サービスなど、国際化に向けての諸事業を展開する。また進むジェンダーレス化では技術と共にサロンづくりや接客等々、女性集客の追及を広く深く進めていく。

新年度を表す漢字一文字、今年はしっかり稼ぐ業界をと「稼」の一字を選んだ。

全国へ発信「代々木の窓から」⑪—②（2018年）

世は移ろえど、髭（ヒゲ）文化

パリ南西約20キロに、1789年の市民革命の舞台となったヴェルサイユ宮殿がある。私はそこで働く一人の青年に、勇気を出して話しかけた。「ボンジュール、アナタの髭（ヒゲ）は、ベリーグッド」と。手入れされたヒゲと蝶ネクタイとスーツ姿がとてもきまっていた。

どうも自分で手入れをしているらしく、ヒゲバリカンで毎日手入れをしているようだ。（勿論、一カ月に1、2回はバーバーショップに行くという）

フランスではヒゲ男がモテると聞いたので、私もヒゲを蓄えることとして、日本に帰ってからのみやげ話のネタはヒゲを話題にすることにした。

シェービングのプロとしてヒゲ文化を探ってみると、神代の昔からヒゲは「秀毛」と書き、体の装飾としていたとのこと。またヒゲには口ヒゲ（ムスタージュ）、顎ヒゲ（ビアード）、頬ヒゲ（ウィスカー）に分けることができ、しかもその三種のヒゲは、顔の形や髪型、職業によって形を使い分ける設計学があるからおもしろい。みなさんも見本を作り、いろいろ着けてみて、自己演出、ヒゲ・パフォーマンスを楽しんでみてはどうだろうか。セクシーさの象徴とまではいかなくても、おもしろいかも知れない。

ヒゲを蓄えての筆者のあいさつ
「私のヒゲ似合っていますか」
=2018年10月8日、グランメッセ熊本

世は移ろえど、1936年公開の映画は、主題歌が「うちの女房にゃヒゲがある」で、ずいぶん流行したと聞く。現代で受けそうなヒゲ文化のアイディアをひとひねり打ち出してみたいものである。

48. 危機への対応がご褒美に〔2018年〕

皆さんも驚いたかも。あろうことか、昨年11月に私は卓越した技能者に与えられる「現代の名工」を受賞した。

この賞は、自動車、建築、料理、衣服等々の分野で技能を持ち、人材育成に取り組んできた、全国149人に贈られたという。私には2016年、韓国であった第36回世界理容美容技術選手権大会（マスタースタイリスト部門）の金メダルが、その理由の一つと考えられる。また若者の理容離れや後継者不足を食い止めるための、理容体験学習授業のプログラム作りや、自らが全国の高校、中学へ出向いての後継者育成事業。さらには日本の素晴らしい伝統的な技術を守り、次世代へつなぐ「マイスター制度」の取り組みなどが選考評価になったのかなあと感じている。だが、これらはすべて業界の危機を感じての対応から生まれたことばかりである。

世界チャンピオンへの道は大会の出場選手が少なくなっているピンチへの対応として、60歳以上の競技部門を設け、自らが出場して始まったものであり、後継者づくり体験学習授業は全国の養成校の生徒の減少に対して理美容業の魅力を打ち出し、専門学校の維持のために駆け巡っているものである。

さらにマイスター制度については、日本が世界に誇る、人間工学に基づいた高度で衛生的かつ快適な技能を「日本版マイスター」として、１００年後に残る取り組みをしているのである。カミソリの砥ぎ方や高度なシェービング技はいつしか消えかけて、簡単な替刃でのシェービングなど安易な修業ばかりになっているのに対して、守るべき、つなぐべき技術であり、世界に通用する日本の技の伝承に務めているのである。要するに業界のピンチを何とかしよう、と判断したことばかりが、現代の名工への道であり、すべて危機からの対応が私へのご褒美になったようである。

受章した卓越技能者（現代名工）の章

49．首相官邸でのプレゼンテーション〔2018年〕

2月15日、生産性向上国民運動推進協議会への出席で、首相官邸を訪ねた。生活衛生業の課題や取り組みについてプレゼンテーションを行うのであるが、前日に届いた留意事項には驚いた。

「発言者は立ち上がって一礼してからでは時間のムダなので座ったままで」とか、また、読み上げメモについて「発表者はお偉い方が多いので一般的な速度よりも遅くなる可能性が高いため、アドリブはご遠慮いただくと共に、やや速めの速度で」とか、さらには、「前の方が遅れた場合、後の人には赤紙を渡すこととなりかねません」とか、誠にビックリすることばかりであった。

訪日外国人が、昨年は2869万人いて、経済効果は4兆円といわれている。そして、オリンピック、パラリンピックのある2020年には4000万人に増加して8兆円の経済効果になるといわれている。現実に自分の生活の周りを見ても、外国人数は、急激に増えているのが分かる。情報通信を使っての音声翻訳や、まずは何と言っても外国人に「安心・安全の日本」を打ち出し、おもてなしの事業所を紹介すべきである。日本政府は、アベノミクスをさらに進めるための生産性向上協議会をスタートしているのであって、生活衛生業など小規模事業所もこれに乗らなければいけない。

私は、安倍首相、世耕弘成経済産業大臣、茂木敏充経済再生大臣の忙しさは理解できたので、発表時間2分は守りつつ、せっかくの機会、プレゼンだけはしっかりとすべきと、ICTによる訪日外国人対応での活性化をねらい、アドリブだらけではあったが声を大にして発言した。ますます進むであろう国際化、情報化への対応は、拡大性やスピード面を考えると全国組織で取り組むことが重要なのである。この度の官邸では、それぞれの分野の代表が、その仕事に誇りをもって語っていて、私自身も鼓舞されたが、忘れがたい官邸の一日となった。

首相官邸で安倍総理と

50. 備えあれば憂いなし〔2018年〕

6月18日、午前7時58分ごろ起きた大阪府北部地震〈マグニチュード〈M〉6・1〉も多くの被害をもたらした。その日私は東海北陸競技大会のため、岐阜県大垣市にいた。朝食を終えたときだったが、グラッと来た。その後、それ以上の揺れが続き、ホテルのエレベーターは止まり、大会出場選手の泊まっているホテルが火災とか。突如として緊張状態に入った。8時まで非常階段の利用だったが、目的の競技大会は、全選手が大会場には到着とのことで予定どおりの開会となり、ひと安心だった。

しかしその日、東京への戻り、私は交通マヒの大混乱に巻き込まれた。岐阜羽島は新幹線「のぞみ」が止まらず、便数が少なく、在来線を利用、名古屋に出ての帰路をとった。だが、大垣駅ではすでに遅延していて発車時間も分からず、また一旦は岐阜までとか。駅員からの説明には戸惑うばかりであった。

恐れたのは、移動手段を失い、途中の駅や列車内で一夜を明かすことであるが、ツキ運も手伝って新幹線・名古屋駅に14時32分に入場できた。その後、新幹線ホームをめざすが、運転再開を待つ利用客でホームから人があふれそうである。でも、しようがない。とにかく東京行きに飛び乗るしかない。発車予定掲示板に目をやると、次は「のぞみ３０２」８時49分発とある。（６時間くらい遅れているのである）

15時過ぎだったろうか。その「のぞみ」が到着。私はただただ人の流れの中で列車内へと乗り込んだ。泣く幼子はいるし、外国人が車掌に状況を聞き、戸惑っていて、最初は異様な雰囲気だったが、「乗れただけでも良かった」という思いで正気を取り戻した。立ったままの新幹線は私には経験もなく「只今、静岡駅を通過」の電光掲示板を見て、東京に向かっていることを確認。立ちっぱなしの女性は、近くの座席の背に頭を付けてジッとしている。私も「肘かけに腰をかけさせて」と言いたいが度胸がない。「只今、小田原駅を通過しました」との車内案内があり、新横浜へ、そして品川駅に新大阪７時56分発は16時21分に到着した。

この地震では小学校のブロック塀が倒れて4年生の女子児童をはじめ5人が亡くなり、４００人以上が負傷した。災害は忘れた頃にやってくるというが、「Ｍ７」級以上の起こす活断層帯は全国で１００を超えるという。今や日本列島はすべての所で地震や自然災害の備えが必要である。

51. 世界大会・日本に決定〔2019年〕

世界理容美容技術選手権大会に出席のため、今年も9月7日から12日にかけてフランス・パリに出かけた。「セプテンバー　トゥサウザンドトゥエンティワン。（中略）プリーズ　カム　トゥ　ジャパーン」私の大きな仕事は3年後の世界大会の招致活動だったが、その決定のセレモニーでの挨拶であった。今後はその実施にむけて進めていくことになるが、近年の日本の選手団の成績は素晴らしく、今回のフランス大会でも金メダル7個を獲得した。

しかしその一方、世界大会出場の基となる国内の地方大会であるが、出場する選手数が減少しているのである。私の地元愛媛県では「全国大会出場の選考会にしてはど

世界大会の日本開催が調印された
=2018年9月8日、フランス・パリ

うか」とか、四国大会も「中止にしては」とか、問題提起がされる始末である。日本の理容が育んできた長い歴史と伝統ある大会を、自分の時代に止めるわけにはいかない。「世界大会に繋がる理美容の素晴らしい大会に誇りを持とう」と檄を飛ばした。

グローバル化が進み、世界は近くなった。外国人の集客をめざしてのインバウンド事業にも私は力を注いでいる。オリンピックやパラリンピック、そして日本での世界大会も決まり、社会的な経済効果への期待は勿論であるが、業界の活性化につながる、つまり理美容サロンの増収につなげることも考えてみたい。

加えて私は日本の誇る「おもてなし」をもあげたい。２０２１年、日本での世界理美容大会は、メダルの量産、そして全国のサロンの売上げアップをめざす新メニューの創出、さらには国際化社会の21世紀の競い合い「マナー」を未来への大会レガシーに加えていくつもりである。その国の印象は長く残るものである。次世代にこの印象（イメージ）を贈りものとしてみたい。

全国へ発信「代々木の窓から」⑫—①（2019年）

理容業の生産性向上

理容サロンを、髪が伸びたら行くところにしてしまってはいけない。

まだ記憶に新しいが、「髪は刈ってまだ一週間ほどだから、今日は顔を剃って、シャンプーセットを…」というお客さまは多くいた。つまり婚礼への出席時には、マナーとして身だしなみを整えたものである。「今日は髭だけ剃って…」と飛び込んでくるお客さまは珍しくなかったのである。

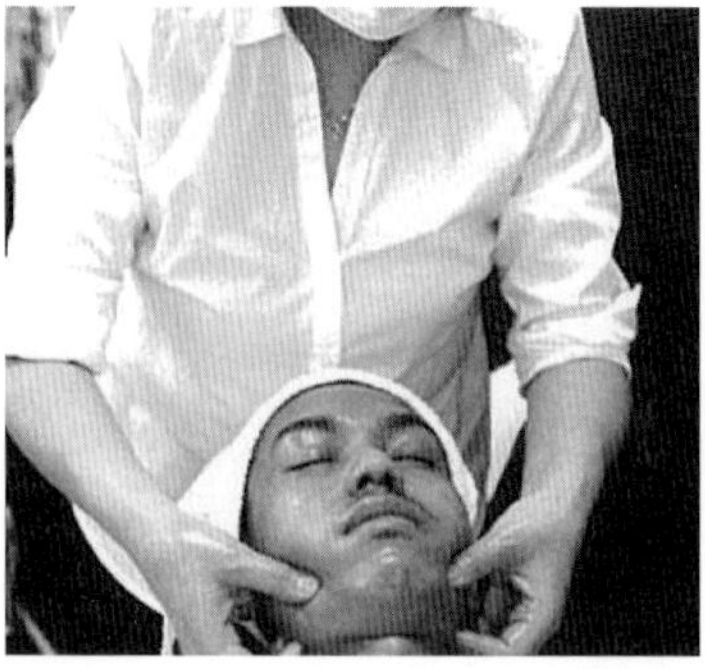

先人の言葉に「理容は快感（癒し）技術を売る商売である」との教えがある。つまり髪が伸びたから理容サロンに行く、を定着させてはいけないのである。「1日を楽しく過ごすには理容サロンへ行こう」をテーマとした、サロンメニューを広く知って

もらい、それを売らなければいけない。日本政府のめざす生産性向上につながる業にするとしたら、「シャンプーセット、シェービングでのすっきり習慣」を全国的に展開をしてみてはどうだろう。とにかく、生産性向上には来店サイクルを上げることであるが、近頃のサロン経営は売上げ向上をめざしての意欲や努力に欠けている。

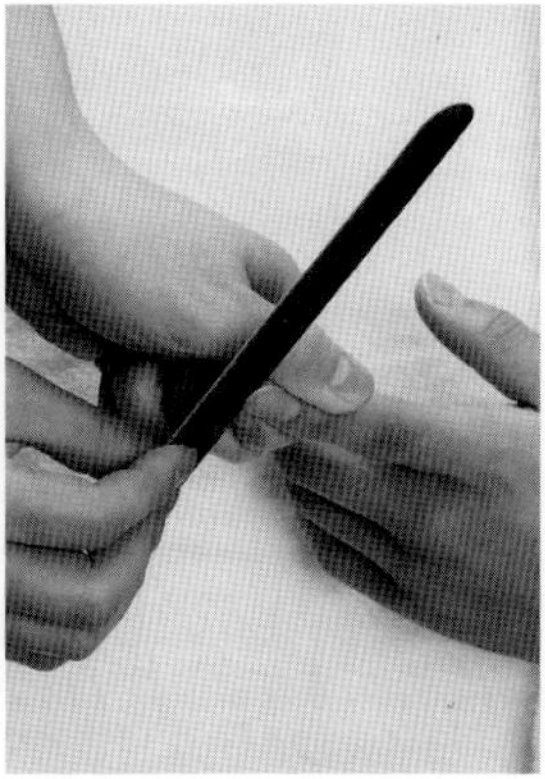

勿論、先のページで取り上げた髭（ヒゲ）の手入れやヘッドスパ・育毛シャンプー、ネイル（写真）、訪問福祉理容のメニュー化もその一つである。蒸しタオルに包まれるリラックス感を売りにするも良しで、もっと売り上げアップをめざすべきなのではないだろうか。理容業界の生産性向上に喝である。

全国へ発信「代々木の窓から」⑫—②（２０１９年）

遅れてはならず・先んずるべし

訪日外国人数は、２０１１年には６２２万人足らずだったが、２０１６年には２４００万人、そして昨年（２０１８年）には３０００万人を超えて、オリンピック、パラリンピックの２０２０年には４０００万人、そしてその後は６０００万人といわれている。この現実を知ると、外国人対応は日本人のコノムトコノマザルトニカカワラズ待ったなしである。

日本へ来て最初に困ったことについて外国人に聞くと、「コミュニケーション」、「ＬＡＮ（Ｗ・ｉ—Ｆ・ｉ）環境」、「交通経路情報」「言語表示の分かりにくさ」などの指摘が多い。「コミュニケーション」については、日本

理美容仮設サロン
=2019年1月14日、東京・代々木

人は英語が不得意ゆえに生じる不安と、シャイな国民性が手伝って、そのことが「外国人、こわい」との尻ごみ感が相俟って外国人対応に追いついていけないのが現実のようだ。

　しかし理美容など接客サービス業は、インバウンドを営業に結びつけようとコミュニケーションを円滑にするための「指さし案内テキスト」を作成、今後は「ボイストラ」の通訳による翻訳システムなどを進め、さらに来年は実践向きの仮設理美容サロンのオープンや、外国人に日本の文化を楽しんでもらう浴衣の体験サービスができる理容師への浴衣着付けセミナーなど行い、多文化国家対応へのスピードを上げることをめざしていくつもりである。

　インバウンド事業は業発展の必須的条件と思われ、「遅れてはならず。先んずるべし」で取り組むこととしている。

浴衣の着付けセミナー
=2019年10月21日、グランシップ静岡

52．健康・スーパードクター〔2019年〕

私は朝目覚めと共に、まず血圧を測り、体重計に乗る。次に洗面を細かく行う。そして朝一番、神仏に手を合わせる。その後、ラジオ体操をして、朝刊に目を通して朝食、家族6人分をつくる。みそ汁の豆腐、ネギの大きさ、切り口にはこだわり、気を配る。私は日々、構えていないと思っているが、構えている。家族を考え、考えていない。天を見ていて、見ていない。淋しくあって、淋しくない。そんな人生の一人旅。目標をそのつど立てて段取り良くやり続けることで、思いは自然に叶ってくると信じている。その段取り手順が大事で、アンテナを高く張り、人の意見を取り入れ念ずるのではなく、観念せず実行することである。

私は東京に通い始めて30年。3、4日の臨時入院を2度した。今から6年くらい前不整脈の治療で、木曜日に会議を終え、その午後入院。金曜日にカテーテルアプレーション治療をして日曜日に退院。翌月曜日には通常の理事長職に戻るという入院を2度した。そのおかげで「今は別人の心臓のようだ」と主治医が言ってくれるほどになり、大変感謝をしている。そして今年2月、通常の風邪引きと思い、早く治そうと適当な風邪薬を飲みながらハードなスケジュールで仕事をこなしていた。ところが人との会話もイヤになり、だんだんと呼吸も辛くなっていった。あまりにひどいので、インフルエンザかなあと思いつつ、すべての日程をキャンセルしてクリニックへ行った。総合病院へ4日間の臨時入院。胸部レントゲン、CT検査では、肺に陰影があり、気管支鏡検査を受けた。結果は薬剤性肺炎と診断。その後1週間は自宅療養をして、徐々に体を慣らしたのである。

別人のような心臓、そして再生した肺。遠くは鉄腕アトムを再生させたお茶の水博士や、アンパンマンを再生させるジャムおじさんのように、私を再生させてくれたのは、現代医学であり、スーパードクターである。健康に気を使わなければいけない年齢となった。

激闘なる養生の日々畦火かな

53．新元号にあやかり〔2019年〕

新元号の令和命名は、マスコミ報道によると、万葉集の「梅花の歌」の序文が出典と為す)」。つまり令和を「和を敬う」と訳した。

関係としている。私の思い浮かべる令は「令夫人」。和は「以和為貴（和を以て貴しと為す）」。つまり令和を「和を敬う」と訳した。

私たちに今、一番大切なのは新元号にあやかり寿ぎ、いかに新たな気持ちで国際化、情報化、少子高齢化等に対して、より好循環化させるかが問われているのではないだろうか。ただただ祝賀ムードに浸っていたのでは、気が付けば「居残り組」になってしまうのではと心配する。

全国理容連合会のスローガンの中に「減から増への反転アクションを起こす」がある。全国の理容サロンの売り上げを減から増へ、また理容師後継者の減少を増加へとの目的である。また、この後継者不足は近年の競技大会の出場選手をも少なくしていて、大会の存続すら危ぶまれている。

5月19日、その第71回愛媛県理容競技大会を松山市で行った。この大会は当初、西予市野村町の予定であったが、「2018年7月豪雨」で会場（乙亥会館）が使用不能となった。また前もって運び込んでいた電源盤や床に敷くシートなども使えなくなるなど、開催のピンチとなった。私は、このピンチの時こそ出番と考え、その大会を松山市で行うと共に、併せて選手減少の打破を見付け出そうと試行錯誤で取り組んだ。この業界が誇る伝統の一つの技術を競う大会であるが、その低迷は、どうもマンネリ化が原因といえそうである。ダーウィンの法則「進化論」から見ても、時代の変化に合った内容とはいいがたい。そこで私は技術を10種目に増やして誰でもできる団体のパーマ巻き競技を行うことを突然に打ち出し、しかもそれをリレー競技としたのである。そのヒントは今年のNHK大河ドラマ「いだてん」（日本人でオリンピックに初出場をしたマラソン選手・金栗四三のドラマ）であり、お正月の箱根駅伝であった。私は将棋を趣味としているが、将棋にも子供、大人、プロ棋士が1人5手ずつ指し変わるリレー将棋がある。理美容の技術にもリレー競技（駅伝）を加えてみようと試みたのである。結果としてこれが大盛況。大会の実施は、あくまでも目的ではなく、業が発展し、活性化する手段にしなければならない。来年の大会では赤白青の餅まきでも行い、災いを払い、和を敬う令和の大会にしようかと思っている。

54. 消えた二つ目の金メダル〔2019年〕

今年9月、パリでの世界大会では、二つ目の金メダルをと私は秘かに狙っていた。またその日に向けて歩みを日記に書き止めていた。

7月1日、「今年、新種目に加わったヘアピース部門は、私には昔取った杵柄である。少し自信もあり、大会への練習はまるで水を得た魚の如くの気持ちである。元気はもらうものではなく、トレーニングの集中の中より湧いてくるものだ。二つ目の金メダルを……」（2016年、韓国での世界大会では金メダルを取っている）

7月8日の近畿大会、また9日の関東甲信越大会において、「私は地元の愛媛県競技大会では選手として出場した。9月にはパリでの世界大会に出場します。若い選手の皆さんも大会に出る誇りと夢を持とう」とあいさつをする。

7月12日、「朝練習を開始。世界大会は大変だから止めたら…との心配の声もあるが、2021年、日本で行う世界大会に向けての裾野を広げる必要性を話すと共に、並ではない想定外を超える人間をめざしたいとの自分の考え方を伝え、納得してもらう」

7月13日、「この日から朝練習に加えてナイター練習（20時より）も開始。全体のフォルム（ヘアスタイルのアウトライン）が決まってきた」

7月16日、「ＯＭＣ（世界理容美容機構）より世界大会用のヘアピースが送られてきた。外国製で、これまでとは異なる商品であり、どう見ても大変だ。しかし泣きごとは言えず、その道の専門家にアドバイスを受ける。やるしかないのである」

7月17日、「前日に届いたヘアピースに合わせたトレーニングを行う。朝トレーニング、ナイタートレーニングをそれぞれ2回ずつに増やす。練習はくり返すほど、新しい技法が生まれる。昨日より今日、今日より明日だ」

7月27日、「疲れ気味だが、蝉の声に元気をもらう。自宅のレッスンはベランダで行うが、その暑さの指数は危険厳重警戒とかで、1回35分の練習ごとにシャワー浴びをくり返す」世界の会長との雑談の中で、髭の競技やヘアピース部門は「私がチャンピオンだ」と意地を張って言葉を交わしていたが、私はその会長との戦いも連想してトレーニングを進めていた。

7月30日、「世界の会長より驚きの便りが届いた。あなたはＯＭＣグローバルアンバサーであり、あなたは公式審査委員になることを望みます」との内容だった。会長との競技も楽しみにしていたのに、何を今さらと思った。しかし、人には添うてみよ！という言葉もある。これも一つの流れかなぁとの思いが頭をよぎる。人は良いこと、悪いこと、つながって生きている。選手としての出場でも、また審査委員を務めることも、どちらも悪いことではない。会長からは「結論は週明けの8月5日までにとある」。

7月31日、「一度入った競技大会チャレンジへのスイッチは簡単には切れない。朝トレーニング、ナイタートレーニングをいつもどおり行う。挑戦することの喜びを感じる」

8月1日、朝トレーニングを行いつつ「どうするかは、もう一人の自分に聞いて決めよう」

8月4日、北海道であった東日本理事長会議であいさつ。「二つ目の金メダルは諦めた。しかし転んでも、ただは起きない。世界大会では公式審査委員を務め、また、全国理容連合会で取り組む環境保全の脱プラスチックの運動を世界に呼びかけます。すべての状況を受け入れ、プラスにしたい」と述べる。こうして二つ目の金メダルの夢は消え去った。果たしてこの選択、「吉凶」ではなく「思い残すことはあるかないか」、もう一人の自分BOSS大森が考えて出した結論である。

55. 天皇晴れ〔2020年〕

昨年11月10日、天皇陛下の御即位を披露する「祝賀御列の儀」(4・6キロ、約30分をかけて)には沿道に11万9000人が詰め掛けた。これで5月1日の御即位から続いた国事行為の儀式はつつがなく終了した。

私は10月22日の即位礼正殿の儀、また31日の餐宴の儀に参列させていただいた。「正殿の儀」は、その即位礼の中心となるべき一日であったが、台風20号がらみの低気圧で、悪天候。私が皇居北車溜で降車したのが11時30分。そして足どり確かに豊明殿へ。中庭には色とりどりの旛《ばん》が約20本程、麻か何かの混ぜものの生地か? 風雨にも大丈夫のようだ。12時45分、それまでの雨も小降りとなってきた。和楽器の鉦《しょう》一叩。後方より「起立下さい」との小さな声。(緊張感が走る)皇居中心の松の間には三権の長(首相、衆・参議院議長、最高裁判所長官)が並び、回廊を木靴の秋篠宮親王、紀子さま、そのお付き2人、そして眞子さま、佳子さまが続いた。常陸宮親王は車椅子で。――微動だにせず陛下を待つが5分過ぎても見られず、何かあったかなと感じつつも、直立のまま言葉は無くただただ待った。やがて中庭での風雨もやみ、薄陽が差してきた。予定より10分くらい過ぎて大型モニターに陛下の御姿が薄く映し出され、お付きの方の右手が陛下の右肩に、そしてまるで高御座《ひかみくら》に神が降臨するが如しであった。（高御座へは5段の昇御である）まさに「天皇晴れ」（天叢雲剣《あめのむらくものつるぎ》）だなあと思った。翌日の海外紙には「エンペラーウェザー」の見出しもあったとか。そして皇后陛下も御帳台へ昇御。続いて褰帳《けんちょう》御帳が開く。太陽が最も高いところに昇った色といわれる「黄櫨染御袍《こうろぜんのごほう》」装束の天皇陛下。そして「十二単《じゅうにひとえ》」姿の皇后陛下のお姿である。

13時15分、天皇陛下が即位を内外に宣明する。（お言葉の中には、平和3回、世界2回のお言葉があった）続いて安倍晋三首相の寿詞《よごと》と萬歳三唱があり、北の丸公園からの礼砲21発。（礼砲音を聞くことはできなかったが、皇居に響き届くまでには2秒かかるとか）両陛下が入御《にゅうぎょ》（回廊を下がる）されるまでの約30分（13時40分）の正殿の儀であった。

また10月31日の「饗宴の儀」。坂下門をくぐり、今回も皇居北車溜へ。（皇居へは3度目となる）そしてこの日は松の間の参観が許された。14時20分、正殿の儀で使われた高御座（高さ6・5メートル）と御帳台（高さ5・7メートル）をゆっくりと、菊花紋章（16葉八重表菊）や、鳳凰《ほうおう》（孔雀に似た想像上の瑞鳥《ずいちょう》）を観て豊明殿へ。15時、飲みものが出され談笑する中、サンドイッチ、カナッペ、極細の巻き寿しなどが出される。

15時15分、御低頭の中、天皇、皇后両陛下が御入室。「即位礼正殿の儀を終えて、ここに皆さんと餐宴を共にすることを喜ばしく思います。この機会に国民の幸せと国の一層の発展を祈ります」のお言葉があった。その後、唐楽演奏の国歌が流れ、乾盃！　約40分の談笑が続き、全員の拍手により両陛下が退出された。

私にとっては、日本の伝統、文化にふれる貴重なる一日となった。当日の引き出物（写真）。御紋付きボンボニエールの金平糖を一粒、友と食し、その日を振り返っている。

皇居へと足どり確か菊のころ

全国へ発信「代々木の窓から」⑬—①（2020年）

日本（横浜）での世界理美容大会レガシー

お客さまとして外国人を受け入れる交流感覚を、東京オリンピック・パラリンピック、そして理美容の世界大会など、ワールドイベントの中で、外国人とのコミュニケーション能力を身に付けることが大切である。特に外国人対応には、多民性に対する配慮からも、マルチな考え方がより求められ、外国人への先入観をどう払いのけ、それぞれの国の人々の等身大にどのように合わせていくかである。

あのラグビー・ワールドカップの日本チーム31人の中には、外国人15人が活躍していたことを忘れてはいけない。もう国際交流そのものはすでにたけなわなのであり、待ったなしである。

その世界大会レガシー（良い遺産）となるべきプランを次のとおりとする。

〈1〉「日本の技術は世界№1」を社会に広く周知するため、金メダルをはじめ多くのメダリストを輩出する。

〈2〉世界の新しいテクニックやそれに伴う新メニューなどを学び、日本の理美容界の生産性向上（売り上げアップ）に資する。

〈3〉日本の理美容の国家試験制度の基本である衛生的で高度な技をアピールして世界に周知する。

〈4〉日本の衛生的な器材、商材の周知を図る。

〈5〉日本が取り組んでいる環境保全（脱プラスチック）や地球温暖化対策の取り組みを公開して、世界にその重要性を呼びかける。

〈6〉国際交流の中で、日本の誇るおもてなし、礼儀（マナー）をアピールしつつ、日本の信用を高める。

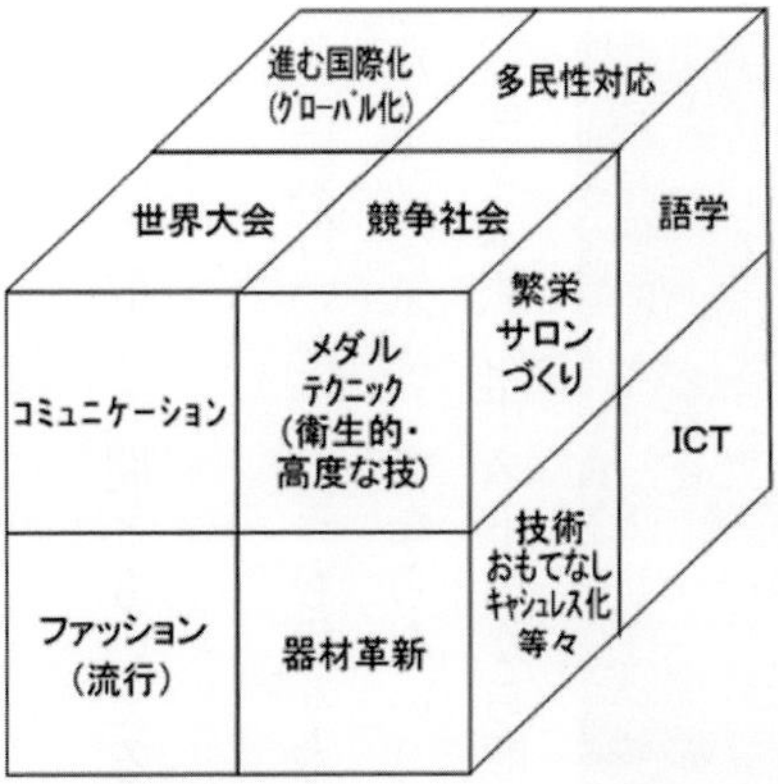

世界大会レガシー・キューブ図表

全国へ発信「代々木の窓から」⑬―②（2020年）

世の中捨てたもんじゃない

私は30年間、手帳を使って暮らしてきた。手帳に頼っての段取り人間ともいえるだろう。

ところが去年11月21日、私はその手帳をなくしたことに気付いた。どうも代々木駅前（写真）に手紙を出しに行って、戻るまでに落としたような気がしてならない。仕事を終え、夕刻、どう考えても「あの時」と思いつつ、代々木駅のポスト前から順に立ち寄ったドラッグストア、コンビニで尋ねてみるが出てこない。手帳の中には名刺、そして何かあった時のためにと一万円札一枚を入れている。

駅前の派出所に落とし物の届けをと思いつつ、ふっと携帯電話を見ると留守電が入っていた。午後5時1分。「私は警視庁原宿警察署落とし物

係です。大森さんの電話で間違いないでしょうか？　手帳の落とし物が届きましたのでご連絡をしました……」

「よかった」と思う気持ちと共に感激の驚きであった。東京のど真ん中で現金の入った落とし物が出てきた。「世の中捨てたもんじゃない」と性善説が頭をよぎった。

翌日、警察署へ出向き、身分証明書を提示、受け取りのサインをして無事手帳が戻ってきた。現金1万円札もそのままで、礼状だけでも、と拾って下さった方を問うたが、「いや、住所も名前も知らせず」とのことであった。果たしてその善意に私はどう返せばよいのか？　考え続けたが、結論は出ない。

その翌朝、チャイコフスキーの「朝の祈り」を聞きつつ空に向かって「見知らぬあなたに感謝します」と手を合わせた。また、その現金の半分5千円を歳末募金に協力して、自分の心に決着をつけた。

落とし物、忘れ物が本人に戻る確率は我が国が世界一とのこと。これは日本の誇りであるが、私は反省しつつ、忘れ物、落とし物をしないよう、「確認」の文字をその手帳に銘記した。

全国へ発信「代々木の窓から」⑬―③（2020年）

たかが大根、されど大根

静岡市内の100年続くおでんの老舗に行った。注ぎ足し続けて煮込んだダシ汁に歴史を感じた。また、お店の主人（4代目）が気さくにおでんの解説をして楽しくしてくれるのもいい。「おにぎり」をすすめてくれたが、これがおでんの味に合う。大根を注文すると、「大根は水分を出し、味が薄くなるので入れません」と4代目。私はおでんと言えば大根だと思っていたが、4代目の蘊蓄《うんちく》には、なるほどと納得。

「大根が一番うまし牡丹鍋」という句もある。大根は、干大根に大根めし、また、ぶり大根にすり大根と、数多くのメニューがある。半片を売りに、大根を入れない、あの静岡おでん。もう一度寄ってみたい、たかがおでん屋の老舗である。

大根を入れないおでん
=2019年10月20日、静岡市

56. 見えない力の後押し〔2020年〕

2020年1月27日、大相撲初場所・千秋楽（東京・両国国技館）で番付の一番下、幕尻の徳勝龍が大関・貴景勝を寄り切って、14勝1敗で初優勝をした。幕尻の優勝は20年ぶりとか。また、33歳5カ月での初優勝は、年6場所制になった1958年以降、日本出身力士では最年長優勝で記録ずくめの快挙であった。

緊張の面持ちで「これより三役」の揃い踏みを終えた徳勝龍は、幕内西17枚目。その場所出場の最高位の大関・貴景勝との組み合わせは異例の取り組みの一番とのこと。負ければ幕内4枚目の正代（熊本県）との優勝決定戦の状況でもあった。時間前の仕切りで水を一杯飲み、最後の仕切りでは一瞬両手を合わせた。その日の解説者、第52代横綱の北の富士勝昭さんは「変化をするかも」と徳勝龍の立ち合いにふれたが、「変化などという姑息なことはしなかったねぇ」と勝負後語った。インタビューでの号泣の中、場所中の1月18日に急死した近畿大学当時の恩師への思いが涙となった。「監督が一緒に土俵で闘ってくれた気がします」と話した。また「自分などが優勝していいんでしょうか」、さらには優勝への意識について「バリバリにインタビューの練習をしていました」との本音の言葉に観客から拍手を浴びた徳勝龍。

相撲解説者の舞の海秀平さんは「何が起こるかわからないですねぇ」と言ったが、この初場所を見て感じたことは、あの「土俵で一緒に闘ってくれたと思う」との亡くなった恩師の、目に見えない力の後押しである。仕切り中に水を一杯口にしたこと、また、手を一瞬合わせたこと、後から思うと、目には見えない、言葉で表せない徳勝龍への力になったように思えるのも不思議なことである。

徳勝龍は初場所以来、本場所無休とのこと。少し負けが続くと休場ばかりの昨今、休まず闘う徳勝龍は立派である。「お父さん、お母さん、産んで育ててくれてありがとう」とも優勝インタビューの中で応えたが、小学生のわんぱく相撲で負けたとき、一礼せずに土俵を降りた当時の徳勝龍少年に、父親は「もうスポーツはやめろ！　勝っても負けても、皆に喜んでもらえる相撲をとれ」と叱ったそうである。

相撲をよく知っている人ほどに耳を疑わせる幕尻徳勝龍の優勝。「まだ33歳だと思ってガンバリます」とのチャーミングなインタビューに、相撲ファンがまた増えたのではないだろうか。

57．新型コロナウイルス〔2020年〕

昨年12月、中国・武漢で一例目といわれた新型コロナウイルスに対して、日本政府は1月29日、その武漢からの帰国者に対してチャーター便を飛ばした。8時40分に日本に到着、206人のうち5人が発熱、吐き気と報道された。

また2月3日、横浜港に到着したクルーズ船、ダイヤモンド・プリンセス号は、香港で下船した80歳の1人から陽性判定が出たため、乗員3700人を検疫し、10人が感染とのことで大騒動となった。

その後、我が国では2月26日にスポーツ・文化イベントの自粛要請が、また27日には全国の小・中・高校・特殊学校への休校要請が発せられた。また、世界各国からの往来の制限や、新型コロナ特別法の成立（3月13日）、2020東京五輪の1年程の延期（3月24日）、そして4月7日、1都6県に5月6日までの緊急事態宣言（1度目）が出たのである。その中で休業要請について、「理髪店は対象としない」と当時の安倍晋三首相自らの言葉で発言された。理容師法は1947年12月に制定されたが、それは戦後の伝染病蔓延に対し、当時の占領軍総司令官（ＧＨＱ）と厚生省が、その対応として法制化したもので、理容は衛生消毒を基本として免許制度ができたのである。現在のところ全国理容連合会加盟サロンは1店のクラスターもなく、安倍首相の発言は適正なる判断であったと感謝している。

一方、全国理容連合会は、理事会、総会など各種会議の書面議決の承認、さらには47都道府県組合への新型コロナ対応助成金の送金や、連合会職員の2割〜3割出勤の実施を決めた。

また5月に入り、4日、政府は全国対象に5月30日までの緊急事態宣言を延長、さらには5月14日、39県の緊急事態宣言解除、はたまた5月25日、全都府県の緊急事態宣言解除の運びとなった。しかし依然として東京都からの都道府県をまたぐ移動は6月19日以降となり、私の地元への帰還は3月下旬から4カ月をまたぐことになった。

180通常総会はリモート会議となる
=2020年5月29日、東京・代々木

（特に大型連休中は投獄生活のようだったが、孫からの手紙や写真、そして週一度の手料理の差し入れで何とか耐え過ごした）

白マスク見ずに終わるか遅桜

この新型コロナウイルスの感染は、世界に広がり、6月中旬で感染者は700万人、死者数は40万人を超えた。また東京では「東京アラート」発動による警戒を呼びかけている。しかし、その対応への施策は世界的動向や経済を考慮してのウィズコロナに軸足が移っていることは確かである。（私が思うに政府は5月中旬頃から、また東京都は5月下旬頃からである）それまではコロナと戦い、終息に向けての言葉が発せられたのに、今や新生活に向けてとか、第二ステージとか、コロナウイルスの中で生きぬく工夫や知恵を発揮しようと変わっていることに気づく。心配を煽る必要はないが第2波、第3波は必ずあると覚悟しなければならず、特効薬でも出ないかぎり、長期戦を覚悟しなければいけなくなった。

58. 都知事選に思う〔2020年〕

7月5日、東京都知事選2020があり、現職が再選を果たした。

新型コロナウイルスの感染が収まらない中とはいえ、日本の首都である東京の知事を選ぶには軸となる論戦はなかったといえる。48億円とも50億円ともいわれる巨額の税金が投入されたこの選挙には、過去最多の22人という候補者が立ったが、その内容は何とも乏しい。私のいる代々木のふれあい会館（集会所）前のポスター掲示板には、22人中13人のポスターしか貼られていなかった（写真）。またそのポスターには立候補者の名前が入っていないものが2枚あり、しかも全く同じデザインであった。ポスターに自分の思いを乗せて、「清き一票を」と呼びかけるはずなのに、肝心の候補者の名前が掲載されていないのには呆れた。私はそのポスターに疑問を感じ、選挙管理委員会に問い合わせてみた。すると「名前を入れるか、入れないかは自由」

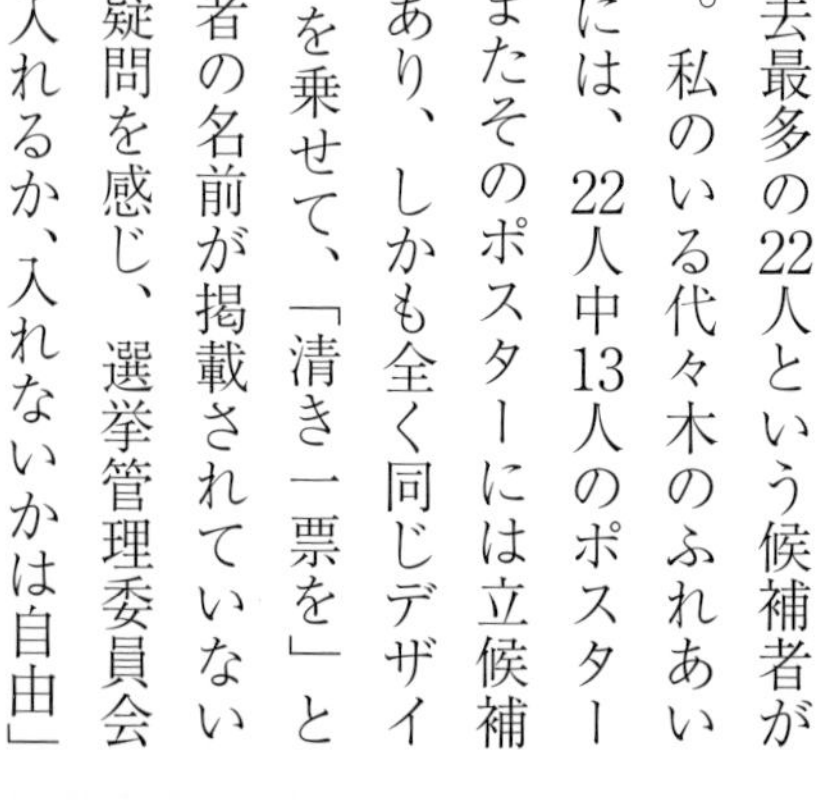

とのことであった。またポスターのキャッチフレーズの中には、「たりないのは愛とカネ」とか、「自粛をぶっ壊す」とか、「クレージー君」等々、私はむしろ「皆さんこれでいいのか都知事選」とスローガンを掲げたい気分であった。

立候補に際しては、乱立を防いだり、売名行為をなくすために、国籍や、満30歳以上の条件と併せて、３００万円の供託金の用意が義務付けられている。そしてその供託金は、有効投票数の10分の１の票を取らないと没収となっている。このことからも、今回の知事選は有効投票数６，１３２，６７９であるから、22人中19人は３００万円没収となったはずで、失礼ながら上位３人以外は乱立組か、売名行為ということになる。

新型コロナウイルス対応では政府に厳しい批判が次から次へと報道されるが、議員を選び出す原点の選挙は、選良と言われる内容の選挙戦に期待をしたい。今回の東京都知事選挙には、残念ながら大都市のマイナス面を垣間見たような気がする。

59. 理容遺産認定〔2021年〕

秋も深まり、冬の気配が感じられる昨年11月、全国理容連合会の理容遺産認定（平成23年創設）式典に京都、そして香川県高松市に出向いた。

11月5日、京都市上京区の大報恩寺・千本釈迦堂へ。そこの霊宝殿には、お釈迦さまの十大高弟の佛像がある。その十聖の中の鎌倉時代を代表する快慶作、元理髪師の優婆離（ウバリ）佛像を理容遺産に認定させていただいたのである。

そして「釈迦堂に優婆離佛像黄葉晴れ」（写真）の句碑を、本堂前の銀杏の根元に建立させていただいた。大報恩寺本堂（国宝）は1221年に開山。室町時代の応仁の乱では焼失をまぬがれたが、柱には多くの槍や刀の傷痕が残っている。

また同寺は、夫婦円満、子授けにご利益があるといわれる阿亀《おかめ》堂やその塚がある。そして何といっ

てもお釈迦さまが悟りを開いた日（12月8日・成道の日）の催事、京都の師走の風物詩、大根炊きで知られている。

一方、四国初の理容遺産認定は11月23日、高松市内の石清尾《いわせお》八幡宮境内の髪授神祠。ここは1956年4月に香川県高松市内の理容師の有志が集い、祭神に飽昨能宇斯神（アキグヒノ　ウシノカミ）と、髪結処の業祖・北小路采女亮藤原政之を奉り、毎年、髪授祭を行っている。

万葉集の雑記にも、男女三歳にして「髪置の儀」と記されていて、私はこのことが七五三のお宮まいりの始まりではないかと勝手に思っている。

髪・神に通ず！　コロナ禍にあって、これを機に少しでも安寧な世が戻ることを願いつつ、有形無形を問わず、次の世代へ残せる遺産、平和、そしてより良い世の中、業界づくりに務めます、と私はあいさつをした。

その後、認定証授与式、そして記念碑の除幕を行った。

髪授祭万枝の秋に友集ふ

全国へ発信「代々木の窓から」⑭―①（2021年）

ポストコロナ（コロナ禍の後）について考える

新型コロナウイルスの収束を全世界がめざしている。ウィズコロナからコロナ禍の後に向けての経営戦略を考える必要がある。

まずは私共の経営も、経営資源の最大限活用に向けての戦略の立案を急がなければならない。「人、物、金、時間、情報、サービス」等々、分離をしてみて、知識を使って新メニューを考えていこう。そこで知っておかなければいけないのが、経営の正攻法の定石は通用しないということで、理美容サロンの営みも、団体組織の在り方も新常識づくりで考えることである。

それは決して難しいことではなく、過去の全国理容総合研究所で打ち出した業態化を進めることと同じで、大事なのは現在の外部環境をつかみ、このままではもう現状維持や持続的成長などはできないことに一日でも早く気付いて、自然淘汰の道筋から抜けきることである。

経済成長時の高品質や高低価格、そしてオンリーワンをめざす独自性を考える必要はあるが、日本国内の人口減少に伴う市場の減少や消滅を考慮すると、その業の経営資源をどう市場に売り出すか、ソーシャルビジネス（社会的企業）をも考慮した社会参入（貢献）を考え、パラダイムシフト（価値観などが革命的、劇的に変化する）に備えることである。

そのためには、収益基盤の構築チャンネルの多角化や、イノベーション（技術革新）を受け入れたデジタル化等による存在価値の回復を最大限にめざすことである。それには、まずそれぞれのサロンの潜在的問題点を列記して、それに向き合った改善、そして接客サービス業としての意識改革に伴う実践である。

この度のコロナ禍の厳しい時にあっても、むしろその逆説を考え出してこれまで信頼を深めてきた社会や顧客に対してその責務をしっかり果たすことである。良いことがめぐって来ることを願い、「一陽来復」（写真）を書いた。

全国へ発信「代々木の窓から」⑭―②（2021年）

撫でると願いが叶う「赤べこ」

新型コロナウイルスの疫病から逃れよう！　と、お釈迦さまが悟りを開いた日（成道日）とされる12月8日、会津若松市の方から、みちのくの郷土玩具「赤べこ」が届いた。理事長室（写真）に飾ると、「大きいなあ」「可愛いいねぇ」「私、丑歳よ！」「なんぼくらいすんかなあ」など、いろいろと話題になっている。

赤べこは、平安時代初期の名僧、徳一（法相宗・大本山は奈良市の薬師寺、興福寺）大師が寺建立のとき黙々と材を運ぶ赤牛がいて、やがて石化したという伝説に基づいて作られたとのこと。その後、疫病が流行したとき、その赤べこを持っていた幼児は疫病から逃れたと伝えられている。

今年は丑歳。牛は農作業や物の運搬には欠かせない人間生活に身近な動物で、よく働く、誠実さや努力家の象徴でもある。学問の神さまの菅原道真をまつる天満宮には、臥牛《がぎゅう》、立ち牛が置かれている。また仏教が生まれたインドでは、牛は特別に大切にされている。2021年丑歳がコロナウイルスに負けない、撫でると願いが叶う「赤べこ」（写真）のねがい牛となるよう、思いを込めて手を合わせる。

60. 勝利者は健康ですよ〔2021年〕

「勝利者は健康ですよ」と忠告されたことがある。健康でなければ何もできないよ！と指摘されたのである。「気を付けます」と応えた。しかし私は小学4年生の時に骨髄炎で左足を悪くし、その後、近年だけでも心臓・不整脈、間質性肺炎、さらには白内障、はたまた親指をドアに挟まれての骨折等々、これまで病院と縁を切ることはできなかった。

しかし今は新型コロナ禍の中にあり、東京のど真ん中で、自分が今こそ頑張らなければと働いているが、何か目に見えない力に守られているような気もする。今も多くの役職（富）を授かっている身であり、気は張りつめているが、目に見えないウイルスであり、万全は期するものの運もいる。

私は国や、地方自治体の発することには徹底して順守する。立場上もそうだが、何より小学生、幼稚園、1歳の内孫をはじめ、ご近所のことなどを思うと簡単に帰省することもできない。私の身構えは、マスクにフェイスガードをしての毎日である。人が何と言おうと、また思われようとも、とにかくコロナに感染しない・させないの徹底に務めている。

古稀を超えると健康管理が特に大事で、朝は体が硬く、朝の体操の前には早目に起きてストレッチをすることが必要になってきた。親からもらった体、頭から足の指先まで、すべて今は愛おしい。7年前だったが、あの子供の頃に悪くした左足の股関節を人工関節にして治そうと、日本を代表する整形外科医を訪ねたことがある。

「現在の生活に、どんな支障がありますか。なぜ人工関節にと考えましたか?」と問われ、

「子供の頃の、元気に走る姿を夢に見ることも……」と答えると、後日その医師から「万全を期し待つ」とのお便りまで頂戴したことがある。

しかし現在は、今の自分の全てが愛おしく、毎朝全身を触って手を当て報恩感謝の意志をますます強くしている。与えられたもの全てがありがたいと受け止め、あの「健康でなければ何もできないよ」の言葉を思い出し、またつぶやきながら元気に務めている。

61. トライアングル構想です〔2021年〕

世界的な新型コロナウイルスの感染による、人々の新しい暮らしに合わせた営業方法や、組織運営のあり方を睨んでの、短・中期的な基本構想を見直してみた。名付けてトライアングル構想である。

五つの表題を掲げているが、その一つは、新営業の構築で、これは新型コロナ対策の、密閉・密集・密接の三密を避ける約束事を活用しての、ゆとりのある、やすらぎを追求したサロンづくりである。高齢化や人口減少を考慮しての、こせこせしないサロンの営みを先行させる、理容本来の快感技術の発揮がキーワードである。

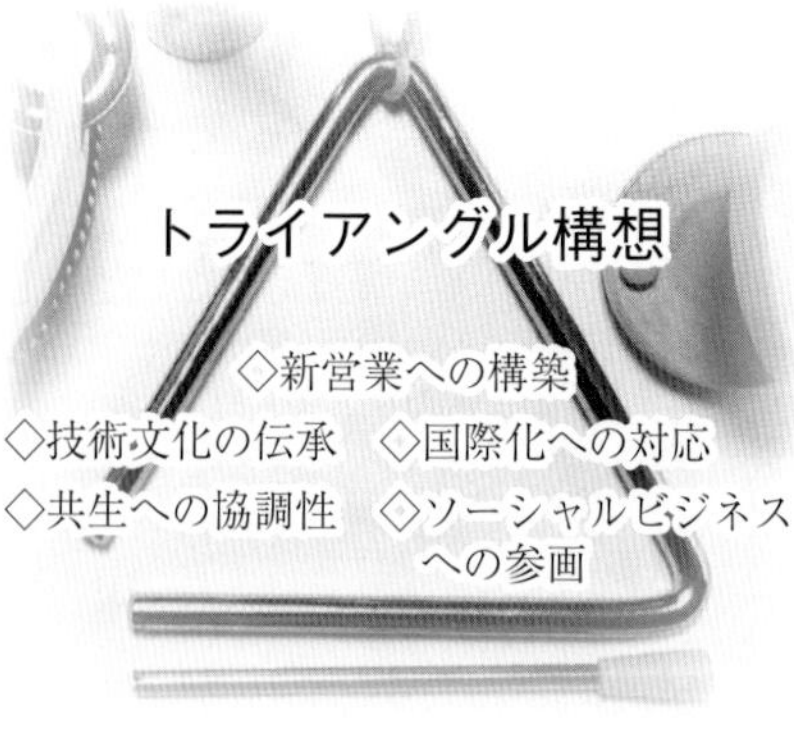

全国理容連合会の令和3年度の事業は、人にやさしいサロンづくりと題して、高齢者や障がい者はもちろんのこと、ノーマライゼーションをめざすもので、人々の生活

と共にある、小規模なサロンのバリアフリー化である。

その二つ目は、技術文化の伝承をあげている。日本の理容は歴史に培われた人間工学的な設計学に基づいた世界に誇る技術であり、それをマイスターとしての伝承や変遷を文化として次の世代につないでいくことである。

さらに三つ目は、国際化への対応であり、我が国は、国際化なしでは経済的にも成り立たなくなっている。私たちは好むと好まざるとにかかわらず、グローバル化への取り組みが急務である。技術、接客、考え方など、外国人とのコミュニケーションをマスターすることである。

次に四つ目として、協調の精神である。我が国では向こう三軒両隣という言葉があるが、特に昨今失いかけている人と人との交わりの大切さである。特に理容や生活衛生業は小規模な事業所であり、一人ひとりの力には限りがある。あの東日本大震災の時も人と人とのつながり「絆」の一文字で頑張った。現代社会で危惧されている協調性を、人材を活かしての人間力で、無気力、無責任から抜け出す、社会を守る理容師であり、生活衛生業でありたい。

最後に五のソーシャルビジネスへの参画。これは生活衛生業として高齢化社会への対応や自然災害時に行ってきたボランティア活動、さらに理容師が長く取り組む子供緊急避難所としての理容サロンの「子供110番」制度や、自殺を防止するゲートキーパー事業、さらには地球温暖化対策、そして近年スタートしたのが、抗がん剤治療による脱毛に対する医療用ウィッグサロンづくり等々、社会問題解決事業にチャレンジをしてきた。SDGs（エスディージーズ）の世界を変えるための17の目標には、環境や福祉、パートナーシップ等々、現在の生活衛生業や理容に相通ずることばかりである。これらの取り組みは人々の生活に密着した業ならではのことで、未来にもつながることと信じている。

この度のトライアングル構想は、お客さま、そして社会との響き合いを願い、打ち出したもの。長びくコロナ禍でのデジタル化などは進むが、人類共生の基本である対面コミュニケーション、人と人の響き合いはポストコロナにおいてもまず考えなければいけないこととなるだろう。

あとがき

採光のため、風通しのため、そして眺望のために設ける「窓」。著者が、この代々木の窓の主になって16年になった。一つは理事長室（8階）の窓、以前は西に日本一の富士山も見えたが、今は建築物ラッシュで見えなくなった。しかし道路に面しているため、人の流れや、裏街の人々の営みが見える。

もう一つは9階の自室の窓である。道路を隔ててJRの代々木駅に面していて、多くの人々の流れが一日でわかる。また超高層ビルも迫っていて、こちらの方向に倒れると潰されそうである。ガラス越しに見える景色を取り込むと、風景画のように感じる時もある。真っ青な空のキャンバスとは異なり、窓の風景のアングルは決まっているが、生の画像であり、人の動きや乗り物の動きがあるからジッと見ていると面白い。世の中を一望できる動画といったところである。

しかしそれは、島根県の足立美術館のような自然を取り込んだ借景の枯山水のようではないが、一枚の掛け軸と捉え、週末には愛でる「花」を机上に、コーヒー片手にその生きた絵画を一望すると癒され、ホッとした安らぎすら感じる。

その代々木の窓からメモったＢＯＳＳ大森の雑学、聞こゆる風音、見ゆる白い雲の中でまとめたのが本誌である。生涯現役、73歳はただの数字。今も第一線で、さらに深い性善説を語り、人生を楽しんで励んでいる。

「BOSS大森」の年譜

年代	事歴
1979年（昭和54年）	愛媛県理容環境衛生同業組合（以下・県理容組合）理事
1983年（昭和58年）	地域移動美術展開く 著書『育つ』出版 県理容組合松山支部長
1985年（昭和60年）	県理容組合常任理事「総務部長」
1988年（昭和63年）	県理容組合理事長 全国理容環境衛生同業組合連合会（以下・全国理容連合会）理事 （以下連続12期34年目、現在に至る）
1989年（平成元年）	松山市立南中学校ＰＴＡ会長
1990年（平成2年）	松山市議会議員
1994年（平成6年）	全国理容連合会常務理事「組織委員長」
1995年（平成7年）	阪神大震災ボランティア 欧州視察
1997年（平成9年）	全国理容連合会副理事長「政治連盟幹事長」
1998年（平成10年）	厚生大臣表彰 日本顕彰会「社会貢献表彰」
1999年（平成11年）	宇和島美容学校校長
2000年（平成12年）	全国理容連合会副理事長（全国理容総合研究所長）
2001年（平成13年）	第53回全国理容競技大会　愛媛大会実行
2004年（平成16年）	愛媛県生活衛生同業組合連合会会長 以下18年目　現在に至る

２００７年（平成19年）	後継者育成事業「高校へ出向いての体験学習課外授業」開始
２００８年（平成20年）	藍綬褒章受章
２００９年（平成21年）	エステティック学術会議会頭 平和をテーマとする「美術二人展」開く クールビズ・オブ・ザ・イヤー２００９受賞
２０１１年（平成23年）	東日本大震災ボランティア及び復興事業への取り組み 理容遺産認定制度開始
２０１２年（平成24年）	沖縄復帰40年事業「世界理容美容機構アジア大会」開く 全国生活衛生同業組合中央会理事長 自殺防止「ゲートキーパー事業」全国展開 名誉の殿堂章受章（イタリア・ミラノ）
２０１３年（平成25年）	著書『旅ごころ・芭蕉になりたい』出版
２０１４年（平成26年）	全国生活衛生営業指導センター理事長 ゆるキャラグランプリ「バーバーくん」企業部門一位
２０１５年（平成27年）	地球温暖化防止活動で環境大臣表彰受賞
２０１６年（平成28年）	世界理容美容技術選手権大会 金メダル（韓国・高陽市） 全国生活衛生同業組合中央会理事長（二期目） 著書『金メダルへの道』出版
２０１７年（平成29年）	現代の名工（卓越した技能者表彰）受賞
２０１８年（平成30年）	世界理容美容機構グローバルアンバサダー（大使）就任 首相官邸にて生活衛生16業種の生産性向上要請行う
２０１９年（令和元年）	世界理容美容機構より環境アウェアネス章受章（フランス・パリ） 天皇陛下即位礼参列
２０２０年（令和２年）	全国生活衛生同業組合中央会理事長（三期目）
２０２１年（令和３年）	東京五輪選手村へアサロンボランティア 著書『ＢＯＳＳ大森・代々木の窓から』出版

著者

大森　敬夫（利夫）

昭和22年・愛媛県生まれ

〒791-1105　松山市北井門1丁目16-18

◆趣　味　将棋　俳句　料理

◆座右の銘　万物生光輝
人を動かすのは真心

◆著　書　『育つ』
『旅ごころ―芭蕉になりたい』
金メダルへの道『生涯現役』

◆展示会　チャリティー地域移動美術展
俳画、相原左義長との二人展（平和）

◆主な賞歴　厚生大臣表彰
日本顕彰会表彰
藍綬褒章
愛媛県政発足記念表彰
環境大臣表彰
世界理容美容機構「環境アウェアネス章」
世界理容美容機構台湾「環球成就奨」
世界理容美容機構名誉の殿堂章
ヘアーワールド2016（韓国）金メダル
現代の名工・厚生労働大臣表彰
愛媛県優秀技能者表彰
かがやき松山大賞

◆現在の主な役職
全国生活衛生同業組合中央会理事長
理容／美容／興行／クリーニング
公衆浴場／旅館／麺類／氷雪
食肉／飲食／すし／食鳥肉／喫茶
中華料理／社交／料理
全国理容生活衛生同業組合連合会理事長
中央理美容専門学校理事長
愛媛県理容生活衛生同業組合理事長
愛媛県生活衛生同業組合連合会会長
宇和島美容学校理事長
世界理容美容機構グローバルアンバサダー（大使）
伊予観光大使／まつやま応援大使
島根県観光大使／島根県海士町観光大使

BOSS大森の
代々木の窓から
二〇二一年十月一日　初版第一刷
著書――――大森　敬夫（利夫）
発行者――中村　洋輔
発行所――――アトラス出版
〒七九〇―〇〇二三
愛媛県松山市末広町十八―八
TEL089（932）8131
HP userweb.shikoku.ne.jp/atlas/
印刷・製本――株式会社明朗社